par Charles Lorry

MÉMOIRE

SUR LES MOYENS

DE RENDRE

LES ÉTUDES DE DROIT

PLUS UTILES.

par M. Pothier, d'Orleans. *

M. D. CC. LXIV.

* erreur par M. Lorry professeur de la faculté de droit de paris.

AVERTISSEMENT.

E Mémoire ſur les Études de Droit, qu'on donne au Public, eſt fait depuis quelques années. Il a été formé ſur les vues qui ont été fournies, en différens tems, par deux illuſtres Magiſtrats, également zélés pour le bien public, & dont le nom ſeul feroit l'élogé ſi l'on ſe croyoit permis de les nommer.

Le premier a rempli avec les plus grands ſuccès, pendant un grand nombre d'années, les Places les plus importantes du Miniſtere public. Chef d'une Famille plus illuſtre encore par ſon entier dévouement à toute eſpece de bien, que par une longue ſuite d'Aieux qui font remonter ſon Origine aux temps les plus éloignés, il a formé, pour l'État, des

Enfans dignes de lui ; & qui, par des travaux du même genre que ceux de leur illuſtre Pere, le reproduiſent, en quelque ſorte, aux yeux de la Magiſtrature & du Barreau. Sa Mémoire vivra d'âge en âge ; & tant que l'Empire François ſubſiſtera, on ſe ſouviendra toujours des fecondes reſſources de ſon puiſſant genie dans les Affaires les plus épineuſes : ainſi que de la dextérité avec laquelle il a ſçu manier les eſprits, les remuer, les conduire, par la ſeule force de la raiſon & ſans aucune violence, à tout ce qu'il a jugé néceſſaire pour la gloire du Prince & l'avantage de l'État.

Le ſecond, iſſu d'une des plus illuſtres Maiſons de la Magiſtrature, Chef d'une Cour Souveraine, unie avec lui dans les mêmes ſentimens d'amour du bien Public & de la Patrie, tient un rang diſtingué parmi les Gens de Lettres, qu'il honore de ſon eſtime, on peut dire plus, de ſon amitié. Et comme aucun genre de Sciences utiles n'a échappé à la pénétration de son esprit, & à la justesse de ses réflexions, il regarde la Jurisprudence comme une Science nécessaire à l'humanité, & d'autant plus nécessaire, qu'elle embrasse tous les états des hommes, & tous les instans de leur vie, même ceux qui la précedent & qui la suivent. Et par cette raison, il pense que la maniere d'enseigner cette Science, celle de l'étudier, enfin, celle de profiter dans cette Science, sont un objet intéressant pour la Société, & par cette raison méritent toute l'attention du Gouvernement.

Sans intention de choquer qui que ce soit, on a exposé les désordres qui ont lieu dans une partie des Facultés de Droit des Universités des Provinces. Il est malheureux qu'on ait été forcé de mettre sous les yeux un détail aussi affligeant; mais il a fallu faire connoître la grandeur des maux, pour démontrer la nécessité des remedes.

Cependant on ne prétend pas faire, à toutes les Facultés de Droit, les mêmes reproches. On conviendra, sans peine, que toutes ne sont pas dans le même cas; aussi n'a-t-on pas prétendu les comprendre toutes dans l'Exposé qu'on a fait de la misere de la plûpart de ces Compagnies. Le terme de la plûpart, dont on s'est servi, démontre suffisamment qu'on ne les a pas eu toutes en vue.

Et comme on rend justice au zele & à l'amour du bien Public, dont sont animés les Membres de quelques-unes de ces Facultés, il seroit injuste, de leur part, de s'appliquer des choses qui ne les concernent point, & qu'on n'a dit que parce qu'on a cru ne pouvoir se dispenser de les dire.

Ils doivent sentir que l'honneur des Facultés en général exige qu'on ne nomme point celles qui sont le plus corrompues. Elles sont assez connues du Public, & le Public, d'un autre côté, rend assez justice à celles qui ne se sont point prêté, ou ne se sont prêté qu'à demi à la corruption.

Le corps le plus gangrené peut devenir

ſain par l'application des remedes convenables ; & telle Compagnie, qui paroît aujourd'hui perdue dans tous ſes Membres, peut, même en peu de temps, ſe rétablir dans un état de vigueur, qui faſſe oublier l'état de mort où elle s'eſt trouvé. Il peut arriver auſſi que celles qui paroiſſent aujourd'hui les plus ſaines & les plus entieres, éprouvent, à leur tour, l'affoibliſſement des autres.

Le ſeul moyen de prévenir cet affoibliſſement, eſt une bonne & ſolide réforme dans les Facultés de Droit. Cette réforme ne peut que produire le bien général des Etudes, ranimer l'émulation éteinte & enflammer de nouveau le zele de ceux qui compoſent les Facultés.

Par ces raiſons, ſi l'on s'eſt cru obligé, avant de propoſer des moyens de réforme, de faire ſentir combien on avoit beſoin de cette réforme, ceux qui penſent en avoir le moins beſoin, ne doivent pas trouver mauvais qu'on ait mis au jour un opprobre presque général, & qui retombe nécessairement sur ceux qui le méritent le moins.

D'ailleurs si les Membres des Facultés, qui se sont le moins écarté des regles, veulent rendre justice à la vérité, & peser les choses au poids du Sanctuaire, il faudra qu'ils conviennent que ces Facultés sont elles-mêmes déchues de leur ancienne exactitude, & qu'il y a peut-être bien des points sur lesquels une réforme peut leur être fort utile.

MÉMOIRE

MÉMOIRE SUR LES MOIENS *DE RENDRE* LES ÉTUDES DE DROIT *PLUS UTILES.*

UNE Science qui contient les principes de la morale la plus épurée & la plus propre au commerce des hommes les uns avec les autres, dont les préceptes assurent également l'état de leurs personnes & de leurs fortunes, reglent leurs différens intérêts ; une Science en un mot, qui, par des maximes certaines, procure le repos, entretient la paix, maintient la tranquillité & contribue au bonheur de la vie sociale, est dans le cas d'intéresser la communauté entiere du genre humain.

Il est donc à souhaiter pour l'humanité que l'étude de cette science soit une étude sérieuse. Disons plus, il est important pour le bien commun de la société qu'on remedie aux abus qui peuvent empêcher ou retarder le fruit de cette étude, & qu'on cherche tous les moiens possibles de la rendre profitable à tous ceux qui sont dans le cas de s'y livrer dans l'intention d'aider un jour leurs concitoiens des lumieres qu'ils auront tiré de cette science.

Pour présenter plus sûrement les moiens de reforme, qui font le principal objet de ce mémoire, il est absolument nécessaire de commencer par faire un détail succinct des principaux abus qui ont lieu dans les Ecoles de Droit du Royaume. On ne doit pas trouver étrange que dans ce détail nous séparions la Faculté de Paris des autres Facultés ; cette Ecole n'est pas dans le cas de souffrir comparaison avec aucune d'elles. Plus exacte qu'aucune autre dans l'observation des réglemens, plus assidue dans les fonctions journalieres de l'enseignement public, plus rigoureuſe dans les épreuves qu'elle exige de ſes Candidats, cette Faculté eſt dans le cas de reprocher à preſque toutes les autres un relâchement qui retombe ſur elle-même, & qui forme le plus grand obſtacle au maintien de ſa diſcipline.

Cependant on ne diſſimulera pas les abus qui ont lieu dans cette Faculté même, & qu'elle a été forcée d'admettre pour ne pas voir dépeupler totalement ſes Ecoles : les abus qui ſe ſont gliſſés dans cette Faculté, & contre leſquels elle n'a ceſſé de reclamer elle-même dans tous les temps, paſſeroient dans la plûpart des autres Facultés de Droit pour une rigueur exceſſive, une ſéverité ſcrupuleuſe ; ils méritent donc d'avoir leur article à part.

Après ce détail, qu'on ne peut obmettre, on propoſera des vûes ſur les moiens de réformer ces abus. Ces vûes ſeront ſuívies d'un Plan général des Etudes de Droit pour les rendre plus utiles, & ſur ce qui peut paroître à propos d'établir de nouveau dans la maniere de conférer les degrés. Enfin on préſentera un projet d'établiſſement d'une émulation particuliere dans la

Faculté de Paris. Tel eſt l'objet de ce mémoire, entrepris dans la ſeule vûe de ſeconder le zéle des Magiſtrats, pour tous les objets d'utilité pnblique. Dans la circonſtance préſente on peut regarder celui du rétabliſſement des bonnes Etudes de Droit plûtôt comme un objet de néceſſité que d'utilité.

Des Abus qui ont lieu dans la plûpart des Facultés de Droit des Provinces, dans l'ordre des Etudes, & la diſpenſation des Degrés.

TOUTES les fois qu'il s'eſt agi d'établir des Univerſités nouvelles, l'Univerſité de Paris a cru devoir repréſenter au Gouvernement que rien n'étoit plus oppoſé au bien des études que la multiplicité des Univerſités; qu'il ſeroit à craindre que les nouvelles Univerſités pour attirer chez elles un certain nombre de ſujets, ne s'écartaſſent de la ſévérité des regles, & que les anciennes Univerſités pour retenir des ſujets prêts à les quitter, n'imitaſſent le relâchement des nouvelles, ce qui produiroit un affoibliſſement général, qui meneroit inſenſiblement à la perte preſque totale des bonnes Etudes.

On a regardé ces repréſentations de l'Univerſité de Paris comme intéreſſées; on a cru que cette Mere des Etudes en s'oppoſant ainſi aux nouveaux établiſſemens, avoit plûtôt en vûe ſon bien particulier que le bien public; qu'une ſorte de jalouſie, & peut être la crainte de perdre ſon ancienne autorité, faiſoient parler un corps qui avoit été longtemps la ſeule compagnie de gens de lettres, & le ſeul corps dépoſitaire d'une ſuite de principes & d'enſeignement dans tout le monde chrétien: en conſéquence on n'a eu aucun égard à des repréſentations juſtes, mais auxquelles on attribuoit un motif peu louable, & bien éloigné de la maniere de penſer des Membres de l'Univerſité.

Cependant l'évenement a juſtifié la prévoiance de l'Univerſité de Paris; l'expérience de pluſieurs ſiécles a démontré, que le nombre des Univerſités a fait un tort irréparable aux Etudes. Les Univerſités répandues dans presque toutes les Provinces du Roiaume, se sont avilies insensiblement; peu d'entr'elles ont travaillé efficacement à soutenir leur dignité, & la plûpart n'ont retenu de leur ancienne célébrité, que le souvenir de ce qu'elles ont été, & le regret de ne le plus être.

L'Université de Paris elle-même a souffert de cet affoiblissement général. De jour en jour elle a vu diminuer la considération dont elle jouissoit, même chez les nations étrangeres; peu à peu ses Ecoles se sont dépeuplées, le zéle des Maîtres s'est ralenti, l'exactitude de la discipline a souffert une altération nuisible au progrès des bonnes Etudes.

Il est vrai qu'on a tâché de venir à son secours par des réformes proposées en différens temps; mais indépendamment de ce que ces réformes, surtout celles des derniers temps, n'ont jamais été entiérement exécutées, pouvoient-elles subsister longtemps au milieu du relâchement général qui avoit pris racine dans les autres Ecoles, & y avoit en quelque maniere acquis force de loi.

Il seroit peut être fort à propos pour

établir dans les Universités une discipline solide & qui ne fut pas sujette à éprouver l'affoiblissement que nous sentons & dont nous nous plaignons ; de réduire le nombre de ces compagnies littéraires, & de ne laisser subsister d'Universités que dans les villes où sont établies les Cours de Parlement. La discipline des Universités est sous la police directe & immédiate des Parlemens, leurs réglemens y sont homologués ; les Officiers des Parlemens sont par état conservateurs de cette discipline, ils seront plus en état de veiller à ce qu'on ne lui porte aucune atteinte, dans l'Université qui sera sous leurs yeux, & que l'éloignement ne soustraira point à leurs regards.

Mais il ne s'agit pas ici de demander ni de poursuivre la suppression d'aucune de ces Compagnies ; cette ressource peut être reservée pour le cas où l'on sentiroit l'impossibilité d'assujettir à une discipline exacte celles qui sont établies dans les Provinces : le but de ce mémoire est uniquement d'extirper les abus, & de substituer une discipline sage au dérangement le plus monstrueux.

Le premier abus que les Docteurs de la plûpart des Facultés de Droit des Provinces, font du ministere qui leur a été confié, consiste dans la vénalité des degrés. Il suffit de se présenter & de consigner la somme portée par les reglemens, & d'y ajoûter celle dont on est convenue pour l'honoraire de l'instruction particuliere que devroient donner les Docteurs : personne n'est refusé; on donne les Lettres de Bachelier & Licentié à des Candidats qui n'ont jamais étudié. Pourvu qu'ils payent, on ne s'embarasse ni du temps d'étude ni de la capacité de ceux qui se présentent pour obtenir les degrés.

Cependant comme par les Edits & Déclarations les degrés ne peuvent être valablement conférés qu'ils n'aient été précédés par un certain temps d'étude, on pourvoit à cet inconvenient par des inscriptions qu'on fait prendre par des personnes supposées. Les Professeurs des Facultés ne sont pas vérificateurs d'écriture, & par cette raison se croient assez justifiés de cette espece de faux.

Le Lieutenant Général du Bailliage doit aux termes de l'Arrêt de la Cour du 9 Août 1700, faire un appel par chaque trimeſtre ; on fait paroître à cet appel des Etudians de Philoſophie & de Rhétorique ; ils répondent au nom qu'on leur a indiqué, & ſignent de ce nom le Procès-verbal du Lieutenant Général.

On a même répandu dans Paris, & ce bruit ſubſiſte encore ſans qu'on ait cherché à le détruire, qu'on avoit la complaiſance d'apporter à chaque trimeſtre, & de garder pendant preſque tout le premier mois dans cette Capitale, les regiſtres d'inſcriptions d'une Faculté du reſſort du Parlement. La Faculté de Paris n'a pas cru qu'il lui fut permis de chercher à éclaircir un fait auſſi odieux, & qui, s'il étoit prouvé, mériteroit les peines les plus graves. On ne peut alléguer un pareil fait, à moins qu'on ne ſoit en état de le porter au dernier degré d'évidence ; & il eſt de la prudence de ne pas chercher à éclaircir ce qu'on craindroit avec juſte raiſon de ne trouver que trop véritable.

Ce premier abus renferme tous les autres, ils en ſont une ſuite néceſſaire, & l'on pourroit ſe diſpenſer d'entrer à ce ſujet dans un plus grand détail, s'il n'étoit à propos de mettre sous les yeux dans son entier, le tableau de la corruption des Ecoles de Droit dans la plûpart des Provinces.

Les Loix de toutes les Universités & notamment l'Arrêt de la Cour du 9 Août 1700, exigent une résidence continue dans le lieu où l'on fait ses études, sous peine de nullité des degrés. Les Candidats résident à peine trois jours dans la ville où est située la Faculté, d'où l'on pourroit conclure que les degrés qu'ils ont obtenu sont nuls; mais personne n'est intéressé à relever ce défaut de résidence, & les Professeurs de ces Facultés pensent & disent tout haut que le serment d'Avocat une fois prêté en la Cour, couvre toutes les nullités.

De cet abus il en naît un autre qui concerne les fonctions des Professeurs. Par le second article de ceux qui ont été dressés en exécution de l'Edit du mois d'Avril, & de l'Arrêt du 15 Juillet 1679, & homologués en la Cour sous le Contrescel de la Déclaration du 6 Août 1682, les Professeurs sont obligés d'entrer tous les jours à la reserve des Fêtes & des Jeudis, & cet article est observé à la lettre dans la Faculté de Droit de Paris. Dans la plûpart des Facultés de Droit des Provinces, les Professeurs ne montent en chaire que trois fois par chaque semaine : dans quelques-unes même les Professeurs se dispensent de leurs leçons ordinaires sous prétexte qu'il ne se trouve personne pour assister à leurs leçons. Le prétexte est véritable, il seroit difficile de n'en pas convenir ; mais à qui les Professeurs sont-ils dans le cas d'imputer le vuide & la solitude de leurs Ecoles ? N'est-ce pas à leur négligence, & à leur peu d'amour des regles ; ils dispensent leurs Ecoliers de résider dans le lieu où ils font leurs études, ils les dispensent donc d'assister à leurs leçons, & se dispensent eux-mêmes de les faire.

La même source produit un autre abus qui n'est pas moins répréhensible. Dans quelques-unes des Facultés on ne soutient point d'examen pour les degrés, ou bien on le soutient par des personnes interposées. On pourroit citer des Candidats, qui en arrivant dans la ville où ils avoient écrit qu'ils alloient prendre leurs degrés, ont trouvé qu'ils avoient déja subi leur Examen de Bachelier. Les Theses ne se font pas avec plus d'exactitude, on fait imprimer quelques positions avec le jour en blanc ; le jour se remplit à l'arrivée du Candidat, à peine le fait-on paroître en chaire. Le degré de Licentié exige encore moins de cérémonie : dans quelques Facultés on est dans l'usage de conférer la Licence sans Examen ni These, on se contente de délivrer au Candidat des Lettres qui contiennent un éloge pompeux de sa doctrine, & qu'il a rempli d'admiration tous ceux qui l'ont entendu.

Il est difficile de retenir son indignation vis-à-vis d'une prostitution aussi honteuse de ce qui doit-être le témoignage public de la capacité ? Peut-on donner un autre nom à une pareille maniere de conférer les degrés. La simple lecture des Edits & Déclarations de 1679, 1682 & 1700, fait voir combien les Docteurs de ces Facultés se sont écartés de l'esprit de ces Loix. A la vérité ils cherchent à sauver la lettre ; ils ont grand soin de répandre sur les degrés qu'ils débitent à prix d'argent, un air, un extérieur de forme qui déguise la nullité du fonds. Comme tout l'extérieur de la forme du degré passe sous les yeux de Monsieur l'Avocat Général, ils redoutent l'Examen du Magistrat. Qu'on les délivre de cette crainte, il n'y aura bientôt plus dans les degrés qu'ils accordent, ni forme, ni fonds.

Il seroit injuste de confondre ici toutes les Facultés de Droit des Provinces ; toutes ne sont pas dans le cas d'essuier un pareil reproche. Il en est même où l'amour du bien public va jusqu'à procurer aux Candidats qui veulent s'instruire tous les moiens de satisfaire un desir aussi juste. Cependant on peut avancer, que dans celles même qui sont les plus régulieres, les Examens ne sont pas des épreuves sérieuses ; on se contente d'examiner le Candidat au premier examen sur les deux premiers livres des Instituts ; le second examen roule sur les deux derniers livres ; on n'entend pas seulement parler d'étude des Traités du Digeste & encore moins du Droit Canonique. On met à la vérité dans les Theses quelques positions de ce Droit ; mais il est notoire que dans tout l'acte on n'en dit pas un mot, de ſorte qu'un homme eſt reçu dans ces Facultés Licentié en Droit Civil & en Droit Canonique ſans avoir ouvert le corps de Droit Canon, ſans connoître de quelles collections eſt composé ce recueil, & ſans ſçavoir la premiere définition de ce droit. On n'ajoûtera rien au ſujet des Theſes de Droit Civil, ſi ce n'eſt que la communication des arguments qui doivent être propoſés, eſt d'un uſage général & reçu dans toutes ces Facultés; & même dans quelques-unes on exige à ce ſujet un droit pecuniaire, qu'en appelle droit de communication.

Nous allons rapporter un dernier abus dont la Faculté de Droit de Paris eſt plus que toute autre en droit de ſe plaindre. Par l'article XXIII. de la Déclaration du 6 Août 1682, enſemble par l'article IX. du Reglement homologué ſous le contreſcel de cette Déclaration, & par l'Arrêt de la Cour du 9 Août 1700, il eſt ordonné que l'Ecolier qui aura été refuſé à l'examen ou aux theſes par lui ſoutenues, ou même renvoié pour étudier, ne pourra prendre ſes degrés que dans la Faculté où il aura été refusé ou rémis. Et pour faire exécuter ce reglement, l'Arrêt ordonne qu'il sera tenu dans chaque Faculté un registre exact des admissions & des refus, & que ceux qui auront commencé leurs études dans une Faculté ne pourront être admis à les continuer dans une autre, qu'en rapportant une attestation signée du Doyen & du Syndic de la Faculté dans laquelle ils ont commencé d'étudier, laquelle attestation marquera outre le temps d'étude, si l'Etudiant s'est présenté à l'examen, ou s'il a soutenu quelque acte, s'il a été admis ou refusé. L'Arrêt ordonne de plus que cette attestation sera enregistrée tant dans les registres de la Faculté où l'Etudiant a commencé ses études que dans les registres de la Faculté où il désire de les continuer, le tout à peine de nullité des degrés contre les Etudians & d'interdiction contre les Professeurs.

Aucune presque des Facultés des Provinces n'observe cette discipline vis-à-vis de la Faculté de Paris. Sur un simple extrait d'inscription pris en cette Faculté, sans attestations des

Professeurs ; sans certificat signé du Doyen & du Syndic, la plûpart de ces Facultés admettent les Etudians qui ont commencé leurs études à Paris à s'inscrire sur leurs registres. Par une suite naturelle, il doit arriver, comme en effet souvent il arrive, qu'un Etudiant auquel les Professeurs à Paris auront refusé des attestations pour cause de défaut d'assiduité aux Ecoles, & de même celui qui aura été refusé à son examen ou bien à sa these, muni d'un simple extrait d'inscription que le Questeur ne peut lui refuser, se présentera à une Faculté voisine, s'inscrira, prendra ses degrés, sera admis au serment d'Avocat, contre la disposition de l'Arrêt.

Les Ecoliers de la Faculté de Paris n'ignorent point ce moien de braver la rigueur de sa discipline & l'exactitude de ses Docteurs ; & c'est un des plus grands obstacles que cette Faculté rencontre pour le maintien des regles.

On sent assez que les abus que nous venons de décrire, réduisent à rien l'étude du Droit, dans les Ecoles où ils ont pris racine, & qu'il n'est pas poſſible dans un Etat policé de laiſſer ſubſiſter des manœuvres pernicieuſes qui font que les degrés ſont devenus une forme inutile & diſpendieuſe. Cependant les Loix publiques du Royaume demandent toujours que ceux qui deſirent d'être élevés à certains offices ſoient revêtus de ces degrés : penſera-t-on que les Legiſlateurs n'aient pas eu en vûe la capacité de ceux qui les obtiennent, plûtôt qu'une forme vuide & deſtituée de fondement.

Ce qui a été rapporté ci-deſſus, peut faire juger de la différence qui ſe trouve entre la Faculté de Droit de Paris & celles des Provinces : à Paris tout eſt regulier, les Examens, les Theſes, les Leçons des Profeſſeurs. Perſonne ne peut dire qu'il ait pris ſes degrés à Paris ſans paſſer par toutes ces épreuves, dont la durée eſt réguliere, & pour la plûpart du temps accompagnée de la décence convenable.

Des abus qui se sont introduits dans la Faculté de Droit de Paris.

ON ne dissimulera point ici qu'il ne se soit introduit dans la Faculté de Paris même, plusieurs abus qui demandent une reforme : nous allons les détailler sans en rien obmettre ; ce seroit faire tort à la premiere Faculté du Royaume, que de cacher des plaies dont elle gémit elle-même, & dont elle voudroit à quelque prix que ce fut se procurer la guérison.

Le principal abus qui ait lieu dans la Faculté de Droit de Paris, celui même duquel resultent tous les autres, consiste dans l'usage où sont presque tous les Etudians de cette Faculté d'avoir recours à des mains étrangeres pour faire écrire les traités que les Professeurs dictent dans les Ecoles, au lieu de les écrire eux-mêmes. Cet abus s'est introduit depuis environ soixante ans, & malgré la réclamation continuelle des Professeurs, a jetté de si profondes racines, que tout ce qu'on a fait pour le détruire ou l'affoiblir, a plûtôt servi à le maintenir & à le faire passer dans un usage presque général.

Au reste cet abus ne vient pas de la Faculté elle-même, il vient d'ailleurs; ce sont en partie les Parens des Etudians, en partie ceux qui ont présidé à leur premiere éducation, en partie les Etudians eux-mêmes qui ont contribué à l'introduire. Des Parens se sont persuadés que la santé de leurs enfans pouvoit souffrir de la situation où se trouve le corps de celui qui écrit sous une dictée, & de l'application qu'il est obligé d'apporter pour écrire correctement. Un motif plus spécieux pour ceux qui ne veulent point approfondir le fonds des choses, s'est joint à cette premiere idée; on a regardé comme un temps perdu celui qui se trouveroit employé à écrire tous les jours une dictée qu'on pourroit faire écrire. La paresse des jeunes gens a profité de cette idée; quelques-uns même se sont persuadés que c'étoit pour eux une marque de distinction que de ne point écrire eux-mêmes; leur vanité leur a fait concevoir une ſorte de mépris pour ceux qui ſatisfaiſoient par eux-mêmes à ce devoir ; & cette penſée a inſenſiblement entrainé preſque tous les autres ; il en eſt cependant encore reſté quelques-uns que l'amour du devoir excite à écrire ſous la dictée des Profeſſeurs, mais ce nombre eſt infiniment petit, vis-à-vis de ceux qui ſe croiroient deshonorés s'ils écrivoient eux-mêmes.

Cependant les Profeſſeurs, conformement à l'article VI. de l'Edit de 1679, exigent des Etudians qui demandent les atteſtations qu'ils repréſentent par écrit les cahiers qui ont été dictés pendant le cours de l'année : cette néceſſité a d'abord retenû les Etudians ; ils ont bientôt trouvé le moien de s'en affranchir. Des étrangers mercenaires ont entrepris de ſuivre & d'écrire les dictées des Profeſſeurs, ils les ont préſenté à ceux ou qui manquoient de cahiers, ou dont les cahiers n'étoient pas exacts. Les Etudians ont ſaiſi cette occaſion d'avoir des cahiers ſans être obligés de les écrire, inſenſiblement ces écrivains employés par preſque tous les Etudians ſe ſont fait un état à la ſuite de la Faculté, & ont presque réussi à se faire passer pour nécessaires : à la fin de chaque trimestre ils vendent aux Ecoliers les cahiers que le Professeur a dicté pendant les trois mois de sa durée, & les Ecoliers les représentent à leur Professeur avant de s'inscrire sur son registre particulier. On sent assez que des cahiers écrits pour la plûpart du temps par des hommes sans lettres, ne peuvent être exacts; ils sont remplis d'abbréviations inconnues, & dont le scribe seul à la clef : souvent le caractere de l'écriture est tel qu'on ne peut le lire, ils fourmillent de fautes, & ne contiennent presque jamais les Traités dans leur entier.

Les Professeurs ont toujours vû avec la plus grande peine défigurer ainsi les Traités qu'ils ont composé avec soin pour l'instruction de leurs disciples : & pour s'opposer avec effet à cet abus, ils ont essayé de refuser leurs attestations à ceux qui leur présenteroient des cahiers qu'ils n'auroient pas écrits eux-mêmes. La tentative a été inutile ; le grand nombre d'Etudians qui se sont trouvés dans ce cas, la considération que quelques-uns d'entr'eux pouvoient mériter, en un mot, des circonstances particulieres ont arrêté leur sévérité; ils ont été forcés d'user d'indulgence, le mal s'est accru, est devenu général, & par conséquent sans remede.

Nous proposerons à ce sujet nos conjectures, dans notre plan de réforme.

La dispense que les Etudians se sont eux-mêmes donné de ne pas écrire les Leçons des Professeurs, a produit un défaut presque général d'assiduité aux mêmes Leçons. La nécessité d'écrire, la crainte de manquer les dictées, l'obligation de les reprendre en un autre temps, retenoit les Etudians dans l'usage de fréquenter les Ecoles avec assiduité. N'étant plus dans l'habitude d'écrire eux-mêmes, il est inutile qu'ils assistent aux dictées. L'explication suit immédiatement la dictée du Professeur: le manque d'assiduité à la dictée, entraine le manque d'assistance à l'explication; ou bien l'on y arrive l'explication déja commencée, quelquefois lorsqu'elle est prête à finir; on ne peut reprendre le fil du discours du Professeur, & l'on perd ainsi tout le fruit d'une Leçon qui pourroit être utile & qui est établie pour être utile.

Les Professeurs font à la vérité fréquemment des Appels. Les Décrets de la Faculté leur enjoignent de les faire quatre fois le mois & de refuser leurs attestations à ceux qui se trouveront avoir manqué à quatre Appels. La Faculté a cru par ces conclusions pouvoir ranimer l'assiduité presque éteinte. Qu'est-il arrivé ? Les Ecoliers à l'aide de leurs Scribes tâchent de découvrir les jours destinés par les Professeurs aux nominations & de s'y trouver ; ils y réussissent quelquefois, & lorsqu'on leur reproche leur peu d'assiduité, ils répondent, qu'ils ont assisté à tant de nominations, & croient avoir satisfait à toute l'assiduité qu'on est en droit d'exiger d'eux.

Autre abus, & qui part de la même source.

Les Ecoliers ne pouvant avoir exactement les cahiers des Professeurs ne peuvent les étudier. Ils sont obligés d'avoir recours aux livres imprimés, ou bien à des cahiers manuscrits ; on avouera sans peine que de bons livres imprimés peuvent remplir le même objet que les cahiers des Professeurs, mais il existe des abrégés imprimés, il en exiſte auſſi de manuſcrits, & ces abrégés ſont la perte des Etudes. On apprend des définitions qu'on n'entend pas, on ſe charge la mémoire de diviſions dont on ne conçoit pas la raiſon, tout ce qui pourroit éclaircir le traité qu'on étudie eſt rejetté comme trop long & trop pénible à apprendre; bien plus même, la plûpart des cahiers manuſcrits qu'on appelle cahiers d'étude, ſont faits en maniere de catéchiſme par demande & par réponſe; une pareille méthode laiſſe l'eſprit dans l'inaction, l'accoûtume à ne rien tirer de lui-même, exclud la méditation & la réflexion. Et ſi quelques eſprits moins forts & moins accoûtumés à raiſonner paroiſſent avoir beſoin de cette méthode, il faut convenir auſſi qu'une maniere d'étudier qui bannit le raiſonnement, & qui fait de l'étude une ſimple affaire de mémoire, eſt plus nuiſible que profitable à la plûpart des Etudians.

Autre abus, l'article VIII. du Reglement ſous le Contreſcel de la Déclaration du 6 Août 1682, ordonne que les Ecoliers qui étudieront actuellement en Philoſophie ne pourront prendre

prendre des leçons de Droit ni en obtenir des atteſtations ; & cet article n'eſt preſque plus obſervé. Les Etudians en droit n'écrivent plus ſous la dictée de leur Profeſſeur ; un Ecolier de Philoſophie qui ſe ſera auſſi inſcrit pour étudier en Droit, peut au ſortir de ſa claſſe de Philoſophie, à dix heures & demie, paroître à l'explication du Profeſſeur en Droit ; ce Profeſſeur ignore qu'il étudie en même temps en Philoſophie, & lui donnera à la fin de l'année des atteſtations s'il eſt content de ſon aſſiduité.

On ne peut s'empêcher de s'élever ici contre un faux qui ſe commet tous les jours, & qui part toujours de la même ſource. Les concluſions de la Faculté ordonnent que les atteſtations de chaque Profeſſeur ſeront accompagnées de la ſignature de quatre Etudiants qui ayent pris la même leçon. Le motif de cette Loi eſt d'aſſurer de plus en plus le Profeſſeur de l'aſſiduité de celui qui demande ſes atteſtations. Sous le faux prétexte qu'il eſt difficile de raſſembler quatre Etudians qu'on pourroit facilement trouver en claſſe, ceux qui écrivent pour les Etudians

& qui ſe ſont auſſi érigés en vendeurs de formules, muniſſent l'atteſtation de quatre fauſſes ſignatures, ſouvent même ils ne ſe donnent pas la peine de les déguiſer. Si le Profeſſeur s'en apperçoit & s'il rejette la formule qui lui eſt préſentée, c'eſt alors qu'on s'étudie à changer l'écriture des ſignatures pour la faire paroître différente de celle qui compoſe le corps de l'atteſtation. De cette maniere on élude la ſévérité de la Faculté, & dans l'Ecole de Droit qui doit être une Ecole de Vérité; les jeunes gens apprennent le métier de fauſſaires, tandis que les Profeſſeurs leur enſeignent que le faux eſt un crime puni par les loix.

Enfin un dernier abus, & qui nuit au moins autant que tous les autres au profit des Etudians & à l'émulation des Maîtres; pour la plûpart du temps ces mêmes écrivains à gages, & qui ſont employés par les jeunes gens pour écrire leurs cahiers, diſpoſent auſſi du choix que les jeunes gens font d'un Docteur Aggrégé pour les conduire dans leurs études & les préparer aux actes. Souvent un Etudiant de la premiere année n'a pas encore fait le choix d'un Docteur, cependant dès le premier trimestre de son année le Scribe s'est emparé de lui ; l'habitude de se servir de cet homme, les services que le Candidat s'imagine recevoir de lui, lui donnent dans le Scribe une confiance entiere, & l'Etudiant, sans consulter ses parens, ses amis & ceux qui ont droit de disposer de lui, se laisse mener chez le Docteur que le Scribe juge à propos de lui donner. Souvent on s'est plaint dans la Faculté de ce désordre, & on a jamais pu y remédier efficacement.

On ne connoît pas d'autres abus, du moins apparens, dans la Faculté de Droit de Paris, & il est aisé de voir qu'elle a toujours réclamé contre avec la plus grande force. Le bruit qui s'est répandu sur les argumens communiqués aux theses, porte sur un fondement trop leger pour mériter un article de réforme. La chose est severement proscrite par les conclusions de la Faculté, tant anciennes que nouvelles ; & si la chose est arrivée quelquefois, c'est plûtôt le fait de quelques particuliers, qu'un vice ou connivence du corps. Ce sont encore les écrivains des jeunes gens qui ont travaillé à imprimer cette note à la Faculté. Les Candidats s'adressent à eux pour leur faire écrire les traités par argumens qu'on leur donne pour les préparer à leurs theses : les Scribes ont soin de les écrire en feuilles ou cahiers détachés pour se faire valoir aux Candidats, & leur faire accroire qu'ils leur procurent cette facilité.

De la Réforme des Facultés de Droit.

LES abus dont nous avons présenté le tableau, démontrent la nécessité d'une réforme, & dans les études, & dans la maniere de conférer les degrés des Facultés de Droit.

Mais cette réforme doit être générale ; & il est absolument nécessaire de prendre des mesures éficaces pour qu'elle soit exactement observée dans toutes les Universités.

La réforme doit être générale. Par quelle raison laisseroit-t-on subsister la diversité qui se trouve dans l'enseignement de quelques Facultés ? Il eſt notoire que dans quelques-unes on n'enſeigne jamais les traités du Digeſte; dans quelques autres on ſe contente dans une année de donner un ſeul traité ſur un titre du Digeſte, & ſur le titre du Code qui y répond; ce n'eſt gueres qu'à Paris où les Profeſſeurs donnent une ſuite de traités : il y a des Facultés où l'on ſe contente de donner un traité de Droit canonique, ſans jamais embraſſer les généralités de ce Droit. Ne ſeroit-il pas beaucoup plus utile que la maniere d'enſeigner le Droit fut uniforme par tout le Royaume?

Les degrés en Droit pris dans toutes les Facultés, donnent un droit égal au ſerment d'Avocat, & à la poſſeſſion des dignités, ſoit Eccléſiaſtiques, ſoit Civiles; il eſt donc à propos que les Gradués dans toutes ces Facultés ſoient également inſtruits. Par la même raiſon, il ne doit point y avoir de différence dans les épreuves. Dans la plûpart des Provinces les examens ne roulent que ſur les Inſtituts, & le Droit Canonique eſt totalement ignoré des Etudians; à Paris on examine non-ſeulement ſur les Inſtituts, mais auſſi ſur les traités du Digeſte, & ſur le

Droit Canonique dont les Etudians ſont obligés de prendre les leçons au moins durant une année. La Faculté de Paris regardera toujours comme la plus prétieuſe de ſes prérogatives, celle de fournir à l'Etat des Sujets plus éprouvés ; cependant ne ſeroit-il pas plus avantageux à l'Etat que les Gradués des Provinces fuſſent auſſi ſçavans que ceux de Paris ? L'adminiſtration de la juſtice eſt elle un objet moins important dans les Provinces que dans la Capitale, & les Gradués des Provinces n'ont-ils pas le droit de venir exercer à Paris la Profeſſion d'Avocat & d'y remplir toutes places de magiſtrature. Qu'on ouvre le tableau des Avocats, on y trouvera preſque autant de Gradués de Reims, Orleans, & autres Facultés des Provinces que de la Faculté de Paris.

Un autre motif exige encore que la réforme ſoit générale. La Faculté de Droit de Paris eſt dans le cas de s'appercevoir que ſon exactitude lui enleve tous les ans un nombre conſidérable de Sujets qui vont ſe répandre dans les Univerſités voiſines, & y prennent leurs degrés ſans épreuves & ſans ſcience.

Si malgré les condescendances auxquelles la Faculté de Paris s'est prêtée, quoiqu'à regret, en considération des circonstances, si malgré la modération dont elle a cru devoir quelquefois temperer la rigueur de sa discipline, pour ne pas tout perdre, enfin si malgré une indulgence bien différente de l'ancienne sévérité, les Ecoles de Droit de Paris se dépeuplent de jour en jour, qu'arriverat-il si la réforme porte sur elle seule & non sur les autres Facultés?

Ces compagnies éloignées de la vûe du ministere public, moins soumises à l'inspection des Magistrats, accoûtumées déja pour la plûpart à se donner toute liberté & toute licence, continueront à substituer le nom des épreuves à leur réalité, & l'Ecole de Paris deviendra totalement déserte.

Il est donc nécessaire pour le bien général des Etudes, & pour maintenir la Faculté de Paris dans une célébrité qu'elle ne mérite pas de perdre, que les Reglemens qui interviendront soient généraux pour toutes les Universités. Il est pour le moins aussi nécessaire qu'on prenne des mesures sages pour assurer l'observation exacte des Réglemens dans toutes les Facultés de Droit des Universités.

On a senti dès les premiers instans de la derniere réforme, combien il seroit difficile d'obliger les Facultés de Droit des Universités établies dans les Provinces, à observer à la lettre les Réglemens portés par les Edits, Déclarations & Arrêts de la Cour. La Déclaration du 19 Janvier 1700, a pris à cet égard des mesures sages en ordonnant qu'on envoyat à Monsieur l'Avocat Général le double de la Feuille des Inscriptions dans le 15 du second mois de chaque trimestre. L'Arrêt de la Cour du 9 Août 1700 enchérit encore sur la Déclaration : cet Arrêt ordonne que les Lieutenans Généraux des Bailliages où les Facultés sont situées, le Substitut de Monsieur le Procureur Général appellé, seront tenus de se transporter au moins une fois chaque trimestre dans les Ecoles de Droit, après avoir marqué préalablement le jour de leur transport par une Ordonnance qui ne pourra être publiée plûtôt que vingt-quatre heures auparavant; qu'à ce jour tous les Etudians en Droit en chaque Faculté seront tenus de comparoître en personne, & de signer le Procès-Verbal qui en sera dressé par le Lieutenant Général : que le Procès-Verbal sera envoyé tous les trois mois par les Lieutenans Généraux au Greffe de la Cour ; & que faute par les Etudians d'avoir comparu à ladite visite ou d'y avoir fait proposer leurs excuses, ils demeureront déchus de plein droit du trimestre dans lequel ils n'auront pas satisfait au Réglement. Le transport du Lieutenant Général se fait encore aujourd'hui très-régulierement dans chacune des Facultés des Provinces, & ce transport régulier, cet appel severe, ce Procès-Verbal qui doit être envoyé, & est en effet envoyé au Greffe de la Cour à chaque trimestre, ne remédie à aucun des abus.

L'Arrêt veut que l'Ordonnance du Lieutenant Général ne soit publiée que 24 heures auparavant ; l'usage a prévalu de donner avis de la descente trois jours avant qu'elle se fasse, & ce terme est plus que suffisant pour faire arriver aux Ecoles à l'heure marquée, des Etudians qui ne résident point dans le lieu où ils ſont cenſés faire leurs Etudes.

Les Etudians ſont obligés de comparoître en perſonne & de ſigner le Procès-Verbal qui ſera dreſſé par le Lieutenant Général. Mais les Lieutenans Généraux ne ſont pas vérificateurs d'écriture; & s'il ſe préſente une autre perſonne que celui dont le nom a été appellé, que cette perſonne réponde & ſigne le Procès-Verbal du nom qui aura été appellé, le Lieutenant Général ne peut vérifier cette fauſſeté; il n'eſt pas obligé de connoître les Etudians, les Profeſſeurs les connoiſſent à peine eux-mêmes, & dans quelques Facultés ne ſe font point un ſcrupule de contribuer à tromper le Magiſtrat. C'eſt ainſi qu'on élude la ſage diſpoſition de l'Arrêt & qu'on fait faire trouver préſentes des perſonnes qui ſont quelquefois à plus de trente lieues de l'endroit, où elles paroiſſent répondre & ſigner un Procès-Verbal.

Il eſt démontré par ce que nous venons de rapporter, & par ce qui a été expoſé plus haut lorſqu'il s'eſt agi des abus qui ont lieu dans les Facultés;

que les précautions qui ont été prises jusqu'à présent pour assurer la discipline dans les Écoles de Droit des Provinces, sont absolument insuffisantes. Le temps a appris aux Docteurs de ces Facultés différens moiens de violer l'esprit des regles, en sauvant la lettre & l'extérieur de leurs dispositions.

Il est donc nécessaire de prendre d'autres mesures pour obliger ces Facultés de Droit, à l'observation des regles: les regles deviennent inutiles si l'on ne trouve un moien sûr de les faire observer.

Le moien qui paroîtroit le plus efficace, seroit celui d'établir des Visiteurs pour les Facultés de Droit du ressort du Parlement. Les Facultés qui sont établies dans les Villes où sont les Cours de Parlement, soumises à l'inspection directe de Messieurs les Gens du Roi, n'auroient pas besoin de Visiteurs.

Ces Visiteurs seroient tirés de la Faculté de Droit de Paris, & seroient nommés par Arrêt de la Cour sur la désignation de Monsieur le Procureur Général qui donneroit à cet effet ses conclusions : ils seroient revêtus du pouvoir de se faire représenter tous les titres, registres & papiers qui concerneroient l'état actuel de la Faculté dont ils seroient nommés Visiteurs, à l'effet de s'instruire de sa discipline & de ses usages tant pour le passé que pour le présent.

Les Visiteurs seroient tenus au premier ordre ou mandement de Messieurs les Gens du Roi du Parlement de se transporter dans celle des Facultés de Province qui leur seroit indiquée, pour examiner, voir & connoître de quelle maniere les Reglemens y sont observés. Ils en feroient un Procès-Verbal qu'ils feroient signer par le Lieutenant Général & par le Substitut de Monsieur le Procureur Général au Bailliage où seroit établie la Faculté. Immédiatement après leur retour les Visiteurs seroient tenus de faire leur rapport à Messieurs les Gens du Roi au Parquet, & de leur remettre les Procès-Verbaux de leur visite, ensemble leur avis au sujet de ce qu'ils auroient observé : & sur la réquisition de Messieurs les Gens du Roi, le Parlement ordonneroit ce qui seroit nécessaire.

Ce moien paroît conforme à l'esprit de la Déclaration du Roi du 19 Janvier 1700. La Déclaration établit Messieurs les Gens du Roi chefs de la discipline de la Faculté de Droit de Paris ; elle leur enjoint de se transporter au moins une fois par chaque année dans l'assemblée de cette Faculté qui sera par eux indiquée pour y examiner l'ordre qui s'y observe. Messieurs les Gens du Roi ne peuvent se transporter dans les Facultés de Province ; le transport d'un Professeur de Paris, chargé de rapporter à Messieurs les Gens du Roi l'ordre qui s'observe dans les Facultés de Droit du ressort remettroit les Facultés de Province, sous la police immédiate de Messieurs les Gens du Roi & du Parlement. Les Procès-Verbaux dressés par le Visiteur, & signés des principaux Magistrats, & si l'on veut de ceux qui auroient assisté à la visite, mettroient sous les yeux de la Cour la discipline d'une Faculté éloignée. La crainte d'un rapport exact & des suites de ce rapport maintiendroit l'observation des Reglemens ; il ne seroit pas possible aux Docteurs d'une

Faculté du ressort d'alterer l'exactitude de sa discipline qui seroit dans le cas de moment à autre d'être rétablie par l'autorité de la Cour.

On peut ajoûter qu'il n'y aura point de connivence à craindre du Visiteur avec la Faculté qu'il sera chargé de visiter ; le plus grand intérêt de la Faculté de Paris, est & sera toujours que les regles soient observées dans les Provinces ; moins on les y observe moins la Faculté de Paris a d'Ecoliers. D'un autre côté trop de rigueur ne sera point à craindre de la part d'un simple Visiteur qui ne sera chargé que de rapporter ce qu'il aura vû.

Peut être même ce moien, s'il étoit adopté, établiroit-il entre la Faculté de Paris & celles des Provinces une correspondance très-utile au bien des Etudes.

Du Plan des Etudes de Droit & de la maniere de conférer les Degrés.

CE que nous avons à traiter ici, embrasse deux objets : un Plan d'Etudes pour le Droit, & comment on doit conferer les degrés de cette Faculté. Nous séparerons d'abord ces deux objets pour les rapprocher ensuite & même les réunir. En effet l'un conduit à l'autre : les degrés ne sont autre chose qu'un titre authentique, une preuve publique de la capacité de celui qui a suivi un cours régulier d'études, & s'est présenté aux épreuves qui sont la suite de cette Etude réguliere & suivie.

Il est à propos de mettre ici sous les yeux le Plan d'Etudes qui est actuellement suivi dans la Faculté de Droit de Paris. Ce Plan a été dressé en exécution de l'Edit du mois d'Avril 1679, & retouché ensuite conformement aux Déclarations du 6 Août 1682, & 19 Janvier 1700. Une partie des Facultés de Droit s'est écartée de l'exécution de ce Plan ; celle de Paris l'a toujours jugé très-utile, & l'obſerve en conſéquence avec l'exactitude la plus ſcrupuleuſe.

Le Plan actuel des Etudes de Droit a pour but en général de faire apprendre aux Etudians les quatre Livres des Inſtituts de l'Empereur Juſtinien ; un précis de tout le Droit Canonique, conformement aux Rubriques des Décretales du Pape Gregoire IX ; une des parties du Digeſte ; un certain nombre des traités de l'ancienne diſcipline de l'Egliſe contenue dans les Canons rapportés dans le Decret de Gratien ; enfin un précis du Droit François contenu dans les Coûtumes & dans les Ordonnances. Les Etudians ſont obligés de prendre tous ces traités dans l'eſpace de leurs trois années d'Etude, & ces Traités ſont, du moins à Paris, la matiere des Examens qu'ils ſont obligés de ſoutenir pour les degrés de Baccalaureat & de Licence, & pour être admis au Serment d'Avocat.

Un Plan d'Etude qui fait paſſer en revûe un précis de tout le Droit, & dans lequel entre même le détail de quelques-unes des principales matieres, ne peut être que très-utile aux Etudians. Cet avantage se trouve dans le Plan dont nous venons de tracer l'esquisse ; il ne seroit donc pas absolument nécessaire de le changer ; il faudroit seulement le rendre commun à toutes les Facultés de Droit du Royaume, & les obliger à le suivre avec la même exactitude que dans la Faculté de Paris.

Mais en conservant ce même Plan si sage & si bien entendu, ne pourroit-on pas le rendre encore plus utile ? Entrons ici dans le détail de l'enseignement de chaque Professeur de la Faculté de Paris. Examinons & recherchons ce qu'on y pourroit ajoûter pour donner plus de fruit au travail des Professeurs en général & en particulier. On est assez sur de leur application au travail, de leur attachement à leurs Ecoliers, & de leur amour pour le bien public, pour ne pas craindre d'avancer, qu'ils saisiront avec joie tous les moiens qu'on leur offrira de rendre leurs travaux plus profitables & plus avantageux au public.

Deux Professeurs enseignent les Instituts de Justinien. Ce livre a été fait pour les Commençans ; il contient les principes de tout le Droit Civil, est écrit dans un style pur, expressif, intelligible, & contient une méthode claire & qui satisfait l'esprit. A ce titre, non-seulement les Jurisconsultes, mais tous ceux qui font profession de litterature, estiment & chérissent ce livre. On ne peut mieux commencer l'étude de la Jurisprudence que par un livre qui en contient les Elemens d'une maniere aussi nette & aussi précise. La premiere année des Etudes de Droit est occupée à la lecture de ce livre & au développement des principes qu'il contient : la Déclaration du 19 Janvier 1700, n'exige pendant la première année que les Leçons d'un Professeur des Instituts.

Deux Professeurs expliquent les Loix du Digeste, c'est-à-dire les maximes & les opinions des anciens Jurisconsultes Romains contenues dans cette prétieuse collection. L'un explique les premieres parties de ce livre, l'autre explique les dernieres parties à commencer à la cinquieme. Si l'on vouloit faire ici l'éloge de ce livre, on pourroit dire ſans craindre d'être démenti par aucuns de ceux qui ont médité & commenté ſa doctrine, qu'il contient l'expreſſion de l'équité la plus pure appliqnée aux différens intérêts des hommes dans la ſocieté civile ; que ce Recueil eſt compoſé de ce que les hommes les plus prudens, les plus ſages & les plus inſtruits dans l'art de gouverner, ont jugé le plus utile & le plus convenable pour le repos civil de leurs concitoyens. On ajoûteroit que ce droit ſi ancien, tient cependant encore toutes les nations policées, comme aſſujetties à ſes Loix, par l'empire d'une raiſon puiſſante qui éclaire, frappe & ſubjugue tous les raiſonnemens qu'on pourroit lui oppoſer. Ce reſpectable monument de la Sageſſe Romaine fait le ſujet de l'enſeignement des Profeſſeurs dont les Etudians doivent prendre les leçons pendant la ſeconde & la troiſieme année de leur Cours. On ne peut trop inſiſter ſur la néceſſité de cette Etude. Rien de plus propre à former le génie aux grandes choſes, à accoûtumer l'eſprit à une combinaiſon exacte, & à remplir le cœur de maximes de vérité qui produiſent des déciſions ſures.

Deux autres Profeſſeurs enſeignent le Droit Canonique. L'un d'eux donne le Paratitle des Décretales du Pape Gregoire IX, c'eſt-à-dire, un Sommaire du Droit qui eſt contenu dans chaque titre de cette collection; il a ſoin d'y joindre le droit des collections ſuivantes, & qui ſont rangées ſous les mêmes titres; celui de la Pragmatique-Sanction, du Concordat; & tout ce qui concerne les maximes du Royaume, à meſure que l'occaſion de les traiter ſe préſente. Cet enſeignement pour l'ordinaire eſt précédé d'une Préface, ou Prolegomenes de Droit Canonique que le Profeſſeur compoſe comme il juge à propos; dans lequel il renferme une deſcription ſommaire des anciennes collections; les définitions & diviſions du Droit Canonique, ce qui ſe rapporte à ſon origine; le Traité des Conciles, celui de nos Libertés, & l'explication des quatre Articles dreſſés par le Clergé de France en 1682. On peut aſſurer ici avec la plus grande vérité, que depuis ſoixante ans tous les Profeſſeurs qui ont enſeigné les Décretales, ont uniformement ſuivi cette méthode de les enſeigner.

L'autre Profeſſeur de Droit Canonique explique l'ancien Droit des Canons rapportés par Gratien dans la collection connue ſous le nom de Decret. Comme Gratien étoit un ſimple Particulier ſans autorité, les Canons du Decret n'ont d'autre autorité que celle qu'ils ont par eux-même ; de ſorte que pour juger de leur poids, il faut toujours remonter à leur ſource, ce qui donne lieu à une critique d'autant plus intéreſſante, que les anciens Canons ſont le fondement des libertés de l'Egliſe Gallicane. Auſſi la Leçon du Décret a-t-elle toujours été tenue dans l'Ecole pour une Leçon très-importante ; les Magiſtrats ont penſé de même. Monſieur l'Avocat Général de Riant, dans ſon Plaidoier du 16 Mars 1552, parle de cette Leçon comme de la plus eſſentielle des Leçons Canoniques de la Faculté (*a*), il regarde le Décret comme le véritable

---

(*a*) *Le Décret eſt le véritable Droit Canon.....*
Sçait la Cour, & ainſi de ſa part le croit qu'il

Droit Canon, comme un Livre qui contient une application continuelle de la Sainte Ecriture & du Droit Civil aux Matieres Eccléſiaſtiques, & fait en conſéquence des reproches très-bien fondés aux Profeſſeurs de ſon temps de ce qu'ils avoient négligé la Leçon du grand Décret.

On ne fera point aux Profeſſeurs d'aujourd'hui un pareil reproche. La Leçon du Décret eſt en honneur dans l'Ecole de Droit; elle eſt ſuivie non-ſeulement par les Ecoliers, ſouvent des Etrangers viennent à cette Leçon & paroiſſent contens de ce qu'ils entendent traiter; ces deux Leçons peuvent être ſuivies par les Etudians de la ſeconde & quelquefois de la troiſieme

---

y a plus de profit pour le temps préſent à la lecture du grand Décret, qu'en tous les autres Livres du Droit Canon Pro moribus & Officio Eccleſiæ, *car il eſt plein de la Sainte Ecriture & de la Loi Civile ..... Toutefois on laiſſe la lecture d'icelui plûtôt que des autres Livres, parce qu'on ne veut point chercher la vérité, mais les moyens d'avoir bénéfices, & plaider en matiere bénéficiale.* Plaidoier de M. de Riant, Avocat Général, en l'Arrêt de la Cour du 16 Mars 1552.

année. Ceux de la seconde année sont obligés de prendre une des deux Leçons de Droit Canonique conjointement avec une des deux Leçons du Digeste ; ils ont le choix de la Leçon des Decretales, ou de celle du Decret. Pareillement dans la troisieme année où l'on est obligé de suivre la Leçon du Droit François, l'Etudiant a la liberté d'y joindre ou la Leçon du Decret ou celle du Digeste. Les Ecclesiastiques qui n'étudient qu'en Droit Canonique, sont obligés de prendre pendant le cours de leurs trois ou de leurs cinq années d'étude, les deux Leçons des Decretales ou du Decret.

Les Ecoliers sont aussi obligés de prendre pendant le cours de leur troisieme année, la Leçon du Droit François. Le Professeur chargé d'enseigner cette partie, diversifie le sujet de cette Leçon comme il juge à propos ; il donne une année des Institutions au Droit coûtumier ; une autre année des Institutions à la Procédure Civile ; quelquefois il donne un Traité sur la Procédure Criminelle : tous ces objets sont intéressans & très-utiles.

Entrons à présent dans le détail intérieur de la maniere dont les Professeurs font les Leçons confiées à leur ministere. Nous ne parlerons ici que de la Faculté de Paris. Nous ignorons comment les Docteurs de Province s'acquittent de ce devoir.

La durée de chaque Leçon est d'une heure & demie, à l'exception de celle du Droit François; celle-ci n'est que d'une heure. La premiere partie de la Leçon est employée par le Professeur à dicter aux Ecoliers les cahiers qu'il a composé sur les Traités qu'il est chargé d'expliquer; l'autre partie se passe à expliquer les Traités: l'explication est toujours conforme au texte que le Professeur a sous les yeux, conformement à l'ancienne discipline de l'Ecole de Paris. Outre cela les Professeurs sont dans l'usage d'employer une fois ou deux, dans chaque semaine, une partie de leurs Leçons à faire faire des répétitions, à ceux de leurs Ecoliers qui sont les plus assidus, & ont le plus de zèle & d'envie de s'instruire. Toutes les Leçons se font avec la plus grande décence de la part des Professeurs; leur exactitude à cet égard est connue & sans reproches.

Il

Il nous reste à rechercher ce qu'on pourroit ajoûter à un Plan utile, & qui a réussi toutes les fois qu'il s'est trouvé des Etudians dans la volonté de le suivre.

Nous avons déjà vû que la premiere année est occupée à l'Etude des Instituts ; on a pensé que cette Etude suffisoit pour occuper les Etudians pendant une année entiere.

En effet l'Etude du Droit est une Etude non pas de mots, mais de choses, qu'on ne peut parvenir à posseder & retenir que par une méditation sérieuse & réfléchie ; il faut revenir souvent sur le même objet, le combiner avec ceux qui précedent & qui suivent, comprendre & retenir l'enchaînement des choses qui ont toutes une suite nécessaire, & qu'il est essentiel de ne pas interrompre. Il faut accoûtumer son esprit à cette méthode, & l'expérience fait voir tous les jours que beaucoup de jeunes gens, quoique nés avec de l'esprit & de la vivacité, sont obligés d'employer plus d'une année pour apprendre leurs Instituts, & se mettre en état de repondre au premier Examen.

Il y auroit donc quelque inconvénient à charger la premiere année plus qu'elle ne l'eſt actuellement. Tous les eſprits n'ont pas la même portée, & le travail trop multiplié pourroit chez quelques-uns produire un dégoût pernicieux pour la ſuite des Etudes.

Cependant les Parens de la plûpart des Etudians ſemblent ignorer l'utilité de cette premiere année d'étude. L'envie précipitée d'avancer leurs enfans, les porte preſque tous à leur faire joindre la premiere année de Droit avec la derniere année de Philoſophie; quelques-uns même ont été juſqu'à joindre l'étude du Droit avec la Philoſophie entiere. Nous avons déja vû que par l'Article VIII du Reglement homologué ſous le Contre-ſcel de la Déclaration du 6 Août 1682, il eſt enjoint aux Profeſſeurs en Droit de refuſer leurs atteſtations aux Ecoliers qui ſe trouveroient étudier en même temps en Philoſophie & en Droit. Mais on a inventé differens moiens de tromper à cet égard leur vigilance: les Etudians s'inſcrivent en Philoſophie en intervertiſſant leurs noms; s'ils ſoutiennent un Acte de Philoſophie, un nom retranché ou ajoûté fait que l'Etudiant n'eſt plus la même perſonne. Y auroit-il quelque moien de ſupprimer un abus auſſi pernicieux, & qui nuit plus qu'on ne penſe aux progrès des jeunes gens dans l'Etude du Droit.

Le ſeul moyen de remedier efficacement à cet abus, ſeroit d'obliger les Etudians de la premiere année de prendre les Leçons de deux Profeſſeurs. L'Article VI de l'Edit du mois d'Avril 1679, avoit établi cette regle, que nul ne pourroit prendre des Degrés ni obtenir des Lettres de Licence en Droit Civil ou Canonique, qu'il n'eut aſſiſté à deux Leçons différentes par jour pendant les trois années de ſon Etude, ce qui comprenoit auſſi la premiere année. La Déclaration du 17 Novembre 1690, avoit, on ne ſçait par quel motif, réduit l'Etude du Droit à deux années. La Déclaration du 19 Janvier 1700, en rétabliſſant le temps ordinaire de trois années d'Etude, a ordonné que les Etudians prendroient pendant la premiere deſdites trois années, une des Leçons des Inſtituts, ce ſont les termes de la Loi, nous avons vû plus haut quels ont été les motifs de cette diſpoſition, & nous ſommes convenus de leur juſteſſe.

Mais ne pourroit-on pas conſerver l'Eſprit de cette Loi en établiſſant une diſpoſition différente? La même Declaration qui preſcrit pour la premiere année du Cours de Droit en trois ans, la ſimple Leçon des Inſtituts, ordonne que les Etudians ſubiſſent un Examen ſur ladite matiere ſeulement, à la fin de ladite premiere année, & au plûtard dans le dernier Mars de l'année ſuivante, ſans quoi ils ne pourront être admis à ſupplier pour l'Acte de Baccalaureat. Conſervons une diſpoſition auſſi ſage, & nous aurons tout le fruit que le Legiſlateur en 1700 a voulu nous faire retirer de ſa diſpoſition.

La Leçon que l'on propoſe ici de joindre à la Leçon des Inſtituts ſeroit une Leçon d'inſtitutions au Droit Canonique, qu'il faudroit & qu'il ſeroit très-aiſé d'établir dans la Faculté. Deux Profeſſeurs enſeignent les Inſtituts de Juſtinien, c'eſt-à-dire, que deux Profeſſeurs enſeignent la même choſe. Il ſuffiroit qu'un ſeul Profeſſeur enſeignat les Inſtituts de Droit Civil, l'autre

Institutaire enseigneroit les Institutions de Droit Canon. Le Professeur les composeroit comme il jugeroit à propos, il pourroit suivre ou la méthode des Institutions au Droit Ecclesiastique de M. Fleury, ou celle de Lancelot; il pourroit même se faire un ordre particulier de titres selon ce qu'il estimeroit convenable pour l'instruction de ses disciples. Il y a eu autrefois dans les Ecoles une pareille Leçon d'Institutions au Droit Canonique, & dans quelques cabinets on trouve encore des cahiers manuscrits de M. Cugnet, Pere du Professeur de ce nom, mort depuis quelques années, qui sont des Institutions au Droit Canonique très-bien faites & très-estimées. Cette Leçon n'a cessé qu'en 1700.

Cependant l'Examen de la premiere année resteroit toujours sur la seule matiere des Instituts conformement à la Déclaration du 19 Janvier 1700. Trois mois après on seroit admis à soutenir un autre Examen qui rouleroit sur les Institutions de Droit Canonique, & ces deux Examens seroient nécessaires pour être admis à supplier pour l'Acte du Baccalaureat. Si l'on ſuit cette méthode, l'Acte du Baccalaureat deviendra beaucoup plus utile comme on le fera voir par la ſuite : cependant la premiere année ne ſe trouvera pas plus chargée, l'Examen qu'on doit ſubir à la fin de cette premiere année n'étant toujours que des ſeuls Inſtituts. Il eſt vrai qu'après cet Examen, l'Ecolier ſe trouve rappellé à l'Etude d'une autre partie du Droit ; mais cette étude même reçoit un très-grand jour & une très-grande facilité du premier Examen. Toute perſonne qui connoît la méthode du Droit, conviendra, ſans peine, qu'un Ecolier bien inſtruit du Droit des Inſtituts, peut ſe mettre aiſément en trois mois au fait de ſes Inſtitutions au Droit Canonique.

La ſeconde année reſteroit occupée comme elle eſt par les Leçons du Digeſte & du Droit Canonique, avec la même liberté aux Etudians de ſuivre le Profeſſeur des Decretales, ou celui du Decret, comme ils ont la liberté de prendre les Leçons des premieres parties du Digeſte ou celles des dernieres parties.

La troiſieme année reſteroit comme

auparavant occupée par une Leçon, ſoit du Digeſte ſoit du Droit Canonique, au choix de l'Etudiant, & par la Leçon du Profeſſeur de Droit François.

Les Eccleſiaſtiques qui ſuivent le Cours regulier d'Etude ſeulement en Droit Canonique, occuperoient la premiere année de leur étude, de celle des Inſtitutions Canoniques; la ſeconde année de celle des Decretales, & la troiſieme de celle du Decret de Gratien. Dans cet ordre, ils prendroient la premiere année la Leçon de ces Inſtituts & celle du Decret, la ſeconde & la troiſieme celle des Decretales & du Decret.

Le Plan d'Etudes que nous venons de tracer, differe peu de celui qui s'obſerve en vertu des Articles de 1682, & de la Déclaration du 19 Janvier 1700. Son utilité conſiſte en ce que pendant trois années la plus grande partie du Droit tant Civil que Canonique, paſſera ſous les yeux d'un Etudiant, & ſi l'Etudiant veut s'appliquer ſérieuſement à l'Etude, il ſera dans le cas de retirer un très-grand profit de ſon Cours.

Mais la plus utile de toutes les réformes à faire dans les Leçons des Professeurs en Droit, seroit celle des Dictées. Il est inutile de rechercher ici quelle peut être l'utilité, quel peut être le désavantage d'écrire sous la dictée d'un Professeur, & si le temps employé à dicter & écrire peut être employé plus utilement. De fait dans la Faculté de Droit de Paris, les Dictées sont devenues presque totalement inutiles. Nous avons parlé plus haut de l'abus des Scribes, presque tous les Etudians les emploient aujourd'hui.

Dans les anciens Statuts de la Faculté de Droit de Paris, faits à ce qu'on peut conjecturer en 1270, renouvellés un siecle après en 1370, les Dictées sont très-severement défendues. Rapportons les termes du Statut, tel qu'il existe dans l'ancien Livre manuscrit de la Faculté.

Item legentes de mane non legant cum candelâ, nec ad pennam seu calamum modo pronuntiantium, sed duntaxat si sit adnotandum & repetitione dignum non proferant pro scribentibus nisi bis in plus, & hoc fiat raró & per juramentum : quia per hoc impeditur processus, quod est inconveniens, & nullo-

modo tolerandum ; quod ſtatutum quolibet anno publicetur in ſcholis.

Ce Statut eſt remarquable, il défend de dicter, & allegue pour motif que la longueur du temps qu'on emploie à dicter empêche le progrés des Etudians, & qu'il ne faut rien admettre qui s'oppoſe à ce progrés ; il rappelle à ce ſujet les Docteurs & les Bacheliers à leur ſerment, & veut que le Statut ſoit publié une fois chaque année dans les Ecoles.

Les Leçons dans ce temps ſe faiſoient ſur le texte même, les Docteurs & les Bacheliers liſans avoient à la main le Livre qu'ils interprêtoient ; ils liſoient le texte, l'expliquoient, en faiſoient l'eſpece avec les raiſons de douter & de décider, y joignoient toutes les autorités qu'on pouvoit y appliquer. Les Ecoliers étoient obligés de porter leurs Livres aux Ecoles, à moins qu'ils n'euſſent à ce ſujet obtenu diſpenſe de la Faculté. Le Statut qui précede immédiatement celui que nous venons de rapporter, l'ordonne en termes formels. Il eſt aſſez à propos de le mettre en ſon entier ſous les yeux.

Item considerantes & attendentes maximam esse utilitatem ex delatione librorum ad Scholas ; propterea statuimus & ordinamus quod nullus de cœtero acquirat tempus in Jure Canonico , nec admittatur ad lecturam Decretalium vel ad gradum Baccalariatûs nisi continuè deferat libros si habeat , in lectione matutinali & in aliis horis in quibus ipse audiet , nisi justam causam prætenderit in Collegio de non delatione quæ justa reputetur per Collegium.

D'après ce Statut, un Etudiant doit toujours porter avec lui aux Ecoles ses Livres, s'il en a ; il y est obligé, à moins qu'il n'ait obtenu sur cet article dispense de la Faculté assemblée, *in Collegio*, & la Faculté ne doit elle même accorder sa dispense que sur une juste cause.

Remarquons ici que le motif du Statut est fondé sur la plus grande utilité des Etudians, *attendentes maximam esse utilitatem , ex delatione librorum ad Scholas.* Il est certainement beaucoup plus aisé d'entendre & de retenir l'explication d'un Professeur lorsqu'on a sous les yeux le texte qu'il explique, & qu'on le lit avec lui : il est assez difficile de ne pas suivre une explication, lorsqu'on voit par soi-même surquoi elle porte ; & si l'attention s'est une fois détournée, il est plus aisé de la reporter sur l'objet qui doit la fixer lorsqu'on a les yeux sur cet objet.

Convaincus de cette vérité, les Professeurs de Paris dans leurs explications, ont toujours le texte à la main, & ne cessent de recommander à leurs Ecoliers d'apporter le texte aux Ecoles. Quelques-uns de ceux qui suivent les Leçons des Instituts le font encore, ceux qui suivent les Leçons du Digeste & du Droit Canonique, ne le font plus, quoiqu'il soit actuellement beaucoup plus aisé de se pourvoir de texte, que dans le temps du Statut, où l'Imprimerie n'étoit point encore inventée, où par conséquent tous les textes étoient manuscrits & coûtoient fort cher.

Qu'on ne nous objecte pas que l'usage de dicter est déja ancien ; nous venons de voir un temps plus ancien où cet usage est défendu, & d'ailleurs on peut faire voir qu'il n'a pas encore deux cents ans d'antiquité, du moins dans les Ecoles de Droit. Il n'en est pas dit un mot dans l'Arrêt du 13 Juin 1534, aucun Statut, aucun Registre de la Faculté n'en parle jusqu'en l'année 1598.

Le premier monument public où il soit parlé de la Dictée, est l'Article VI des Statuts de la derniere réformation de l'Université faite sous le Regne d'Henri IV en 1598, & il n'en est même dit qu'un seul mot en passant, dans la description des devoirs de l'Ecolier, *Dictata Doctorum fideliter excipiat, Doctorem in suggestu docentem non perturbet, &c.*

Il y a apparence que c'est en ce temps même où les Dictées ont commencé à s'introduire dans la Faculté de Droit, quoiqu'il n'en soit plus parlé que dans l'Edit de 1679. L'Article VI de cet Edit ordonne que *nul ne pourra prendre aucun Degré ni Lettres de Licence en Droit..... qu'il n'ait assisté à deux Leçons différentes par jour pendant trois années, & qu'il n'ait écrit ce qui sera dicté par les Professeurs, desquels il sera tenu de prendre les attestations.*

Ce sont là les deux seules Loix qui proscrivent la Dictée; on peut remarquer même que ces deux Loix ne s'adressent qu'aux Ecoliers, & leur prescrivent d'écrire ce qui sera dicté par les Professeurs. Cependant la lettre de ces deux Loix n'ordonne point aux Professeurs de dicter, aucune Loi ne leur en fait un devoir jusqu'à ce jour.

Si l'on est curieux de rémonter à l'origine de la dictée dans l'Université, & dans la Faculté de Droit nous allons proposer nos conjectures à ce sujet.

On attribue l'invention de cette maniere d'enseigner aux Jésuites. Le plan conçu de la naissance de cette Société par les premiers Peres de n'admettre d'autre enseignement Théologique que celui de la Société, paroît y avoir donné lieu. Chaque Professeur Jésuite s'est mis à dicter ses Leçons à ses Ecoliers, pour les reduire à la necessité de n'apprendre que ce qu'il leur dicteroit, & par conséquent les astreindre à n'avoir d'autre doctrine que celle de la Société.

La chose a commencé à Paris avec assez d'éclat : Maldonnat, un des plus sçavans Théologiens de la Compagnie, vint enseigner à Paris ; il eut un auditoire d'autant plus nombreux, que la contradiction que la Societé éprouvoit alors de toutes parts, excitoit plus puissamment la curiosité du public à l'égard des Sujets de la Societé. Maldonnat se mit à dicter ses Traités, ceux qui le suivoient charmés de la politesse du style avec lequel il enseignoit la Théologie que les Docteurs de Paris enseignoient encore dans un style dur & presque barbare, amusés d'ailleurs par l'érudition spécieuse dont le Jésuite assaisonnoit ses Leçons, les recueillirent précieusement. Les Professeurs de l'Université piqués d'émulation & craignant sans doute de voir leurs Ecoles se dépeupler pour peupler celles des Jesuites, ont pris insensiblement la méthode que leurs ennemis leur ont apporté.

Il est vrai que dans tous les temps, plusieurs Professeurs de l'Université, ont blâmé cette maniere d'enseigner, comme inutile & même pernicieuse aux Etudians dont elle ne ménage pas assez le temps & comme penible pour les Professeurs; tous neanmoins s'y sont conformés: & même dans les Facultés de Théologie & des Arts, on exige encore actuellement la preuve que l'Etudiant a écrit de sa main les cahiers de son Professeur. L'usage des Scribes qui a prévalu dans la Faculté de Droit, en a banni cette observation, sans supprimer les Dictées qui y avoient donné lieu.

On peut conclure de ce qui vient d'être rapporté qu'il n'y a aucun inconvenient à supprimer les Dictées : allons plus loin ; si la suppression des Dictées rend les Leçons plus utiles, il est necessaire de les supprimer.

Examinons à present & recherchons si le retranchement des Dictées rendra les Leçons plus utiles qu'elles n'étoient par le passé.

Sans parler ici de la dépense inutile & superflue qui se trouvera supprimée par l'abolition des Dictées prises par les Scribes, & vendues par eux aux Ecoliers comme nous avons vu plus haut ; plusieurs motifs d'utilité publique paroissent exiger cette suppression.

Il est certain que les Ecoliers seront plus assidus aux Leçons des Professeurs ; l'inutilité de l'assistance à une Dictée qu'on ne prend pas soi-même ne sera plus un prétexte de s'absenter pendant la plus grande partie de la Léçon; l'abſence de la Dictée n'entraînera plus celle de l'explication entiere ou en partie. Les Ecoliers aſſidus aux Leçons des Profeſſeurs, ſeront dans le cas d'en profiter.

En ſecond lieu les Profeſſeurs pourront exercer leurs Ecoliers par des répétitions de tous les jours, & par des interrogations fréquentes; le temps ſera donc employé plus utilement qu'à écrire une Dictée, que ſouvent l'Ecolier qui la prend n'eſt en état d'entendre qu'après l'explication qui lui en a été faite; & qui plus ſouvent encore eſt priſe aſſez infidellement.

En troiſieme lieu les Ecoliers diligens, ſentiront exciter en eux l'émulation de faire de bonnes répetitions, & de répondre exactement aux queſtions qui leur ſeront faites; ils chercheront à ſe diſtinguer, & à briller plus que leurs Compagnons; une émulation de cette eſpece bien ménagée par un Profeſſeur habile, eſt dans le cas de produire les plus excellens fruits.

Et ſi l'on pouvoit remettre en vigueur l'obſervation de l'ancien Statut, qui obligeoit les Ecoliers de porter les textes aux Leçons des Professeurs; ce seroit un quatrieme motif d'utilité plus puissant encore que les autres. Il faut convenir que les cahiers font disparoître le texte des mains de la plûpart des Etudians, ils ne consultent & n'étudient que les Traités manuscrits ou imprimés qu'ils rencontrent. Tous ces Traités citent à la vérité le texte, le supposent, & pour la plûpart du temps expliquent le texte même; mais on se garde bien de chercher le texte cité, on s'en rapporte à son auteur, & souvent on sort des Ecoles sans avoir presque ouvert les textes des Loix. Si les jeunes gens étoient obligés d'apporter leurs Livres aux Ecoles, la necessité d'entendre l'explication, celle de repeter & de répondre à son tour, les obligeroit de lire journellement les textes, & par conséquent de se remplir des maximes du Droit: ils seroient dans le cas de connoître les Loix elles-mêmes, se mettroient au fait de la maniere de les chercher & de les trouver, sans recourir à des tables, qui n'ont été faites que pour les ignorans.

On objectera peut être qu'on augmente la fatigue & la peine des Professeurs ; ils sont tenus de faire une leçon d'une heure & demie par chaque jour ; n'étant plus dans le cas d'emploier une partie de ce temps à dicter les Traités qu'ils ont composé pour la matiere de ces mêmes Leçons, les obligera-t-on d'expliquer pendant une heure & demie entiere, sans aucun relâche ?

Non, sans doute, non, nous cherchons ici à rendre les Leçons des Professeurs plus utiles, & non à les leur rendre plus fatiguantes. Les Professeurs feront ce qu'ils faisoient avant l'introduction des dictées, ce qu'ils ont fait depuis, & ce qu'ils font encore aujourd'hui. Ils expliquoient le texte, ils ont expliqué le texte depuis l'introduction des dictées, ils l'expliquent encore ; ils continueront de l'expliquer : l'explication dure ordinairement trois quarts d'heure, ou tout au moins une demie heure ; elle durera le même temps. La partie qui étoit occupée par la dictée, sera employée comme nous avons déja dit en partie à des répétitions que les Ecoliers seront obligés de faire à tour de rolle, en partie à interroger les Ecoliers & à les faire répondre sur les titres qui auront été précedemment expliqués & répetés. Y aura-t-il plus de fatigue pour un Professeur à entendre répéter ce qu'il aura expliqué, ou à interroger les Etudians, qu'à dicter pendant trois quarts d'heure ou une heure.

L'objection la plus forte qu'on puisse faire contre le retranchement des dictées, consiste en ce qu'on peut prétendre que le retranchement des Dictées pourroit occasionner le retranchement de la seule émulation qui pourroit être entre les Professeurs. Obligés à faire des Traités, les Professeurs sont dans le cas de se livrer à une étude plus profonde, de travailler à des recherches d'érudition & de critique, & de méditer d'une maniere plus reflechie sur les objets de leurs recherches; il faut qu'ils portent dans leurs Traités une methode, une analyse, qui mette les objets les plus difficiles à la portée de tout le monde. Les Traités composés par les Professeurs en Droit de Paris depuis 1679, sont des modeles en ce genre, & sont par cette raison recherchés non-ſeulement de nos concitoiens, mais encore des Etrangers. Pluſieurs perſonnes conſervent encore dans leurs cabinets de ces Traités manuſcrits, & des Etrangers en ont fait copier à grand frais. Cette branche d'émulation fait honneur à la Faculté de Paris ; eſt-il expédient de la retrancher & de reduire les Profeſſeurs à s'enterrer dans l'ombre d'une claſſe, pour n'être plus connus que de leurs Ecoliers ?

A Dieu ne plaiſe qu'on veuille retrancher aucune branche d'émulation : il eſt certain que l'émulation n'eſt pas moins utile aux Maîtres qu'aux Ecoliers ; elle ſoutient les Maîtres dans leurs travaux, elle leur donne du courage, & bannit le dégoût d'une profeſſion pénible, & dans laquelle un cercle de choſes qui ſe repreſente continuellement, occaſionne un déſagrement qui ne ſe peut éviter.

Mais eſt-il bien vrai qu'en ſupprimant les Dictées qui ſe font actuellement dans les Ecoles, on ſupprime l'émulation qui anime les Profeſſeurs ? Ils ne dicteront plus ; ils enſeigneront de vive voix, & s'ils veulent rendre leurs Leçons utiles & profitables, ils ne seront pas moins obligés de faire des recherches, de mettre dans leurs discours l'érudition necessaire, & de communiquer à leurs auditeurs les lumieres qui sont le fruit de leurs méditations. François Hotman & François Baudoin ont enseigné sur la fin du seizieme siecle dans les Ecoles de Droit à Paris, avec le plus grand éclat (*a*). Un Auteur contemporain, & qui les

---

(*a*) *Homo facundissimus ipsoque oris ac totius corporis habitu non injucundus, ex historiarum & civilis disciplinæ conjunctione, suis prælectionibus gratiam ac venerem afferebat, atque eum sæpe vidimus hoc splendido doctrinæ apparatu Lutetiæ profitentem, cum ad ejus auditorium permulti primæ notæ homines; Episcopi, Senatores, Equites, libenter & maximâ frequentiâ confluerent.* Sammarthanus elogiorum libro II. de Balduino Parisiis docente.

Je puis vous dire que l'un des plus grands heurs que je pense avoir recueilli en ma jeunesse, fut qu'un lendemain de l'Assomption Notre-Dame l'an 1546, Hotoman & Balduin commencerent leurs premieres lectures de Droit aux Ecoles du Decret en cette Ville de Paris. Celui là à sept heures du matin, lisant le titre De actionibus : *cettui-ci à deux heures de relevée, lisant le titre* De publicis judiciis *en un*

avoit entendu, rapporte que les Leçons de ce dernier, étoient frequentées non-ſeulement des Ecoliers, que les hommes de la plus grande diſtinction, dans tous les ordres de l'Etat, ſe faiſoient un plaiſir d'y aſſiſter, qu'on y voyoit une affluence, (ce ſont ſes termes) de Magiſtrats du Parlement, de Nobles, d'Evêques même. Cependant on ne dictoit point encore dans les Ecoles de Droit de Paris; les Profeſſeurs expliquoient les textes, & leurs explications ſçavantes attiroient aux mêmes Ecoles ce concours extraordinaire qu'on n'y a certainement pas vu depuis que les Profeſſeurs ont commencé à dicter. On peut aiſement conclure de ce qui vient d'être rapporté, que ce ne ſont pas les dictées qui produiſent l'émulation chez les Profeſſeurs. Elle a chez eux une ſource plus noble, l'amour du bien public, l'honneur du Corps dont ils ſont Membres, & le deſir d'être utiles à leurs concitoyens.

---

grand théâtre d'auditeurs, & ce jour même ſous ces deux doctes perſonnages, je commençai d'étudier en Droit. Paſquier, lettre 13 du 19 livre adreſſée à Monſieur Loiſel.

Cependant veut-on une ressource d'émulation plus efficace & plus propre à exciter de plus en plus le zèle des Professeurs ; qu'on établisse dans la Faculté de Droit l'usage de la plûpart des Facultés Etrangeres, où les Professeurs ne dictent pas, mais font imprimer les Traités qu'ils destinent à l'instruction de leurs Ecoliers. Les Professeurs de Paris ne dicteront plus : au lieu de dicter ils feront imprimer les Traités qu'ils donneront. Les Ecoliers seront obligés de s'en pourvoir, & de les leur presenter à chaque trimestre, comme ils leur representent aujourd'hui les cahiers manuscrits qui leur sont fournis par les Scribes.

L'utilité de ce projet se fait sentir d'elle-même ; il est également utile aux Maîtres & aux Disciples. Quant à ce qui concerne les Maîtres, leur émulation ne sera-t-elle pas dans un jour beaucoup plus beau, n'aura-t-elle pas l'avantage de se produire avec plus d'éclat, lorsqu'elle ne se trouvera plus resserrée dans les limites de l'Ecole, qu'elle sera dans le cas de se repandre au dehors, & de se faire connoître non-seulement à Paris, mais dans les

Provinces & les Pays étrangers. Les Universités d'Allemagne, de Hollande & d'Italie, nous fournissent ici des exemples dont nous pouvons profiter. Les Professeurs en Droit de ces Universités ne dictent point, ils composent cependant des Traités pour l'instruction de leurs Disciples ; ils font imprimer ces Traités : ces mêmes Traités se repandent en France, & c'est ainsi que nous jouissons des differens Commentaires de Vinnius, des Dissertations & Traités de Thomasius, Heineccius, Avenanius, Noodt, Gravina & autres Docteurs renommés. Nous lisons à Paris ces Traités, ils sont en honneur chez nos Maîtres & chez nos Etudians, N'y a-t-il pas lieu d'esperer que les Compositions des Docteurs de Paris leur feroient le même honneur, & produiroient la même utilité. Les Professeurs de Paris ne manquent ni d'érudition, ni d'amour pour le travail ; ils ont de plus dans leur composition une qualité qui manque aux Docteurs Etrangers, un ordre, une méthode, une analyse qui leur est propre. Certainement leurs Traités mis au jour de l'impression, seroient accueillis favorablement

blement du public : il eſt probable qu'ils ſeroient reçus chez les Univerſités Etrangeres avec le même honneur que nous faiſons ici aux Ecrits des Docteurs Etrangers.

L'impreſſion des Traités que les Profeſſeurs dictent aujourd'hui, ne pourroit donc être que très-utile à exciter & entretenir entr'eux l'émulation : il faut à preſent faire voir quelle ſeroit l'utilité que les Etudians retireroient de ce projet, s'il étoit mis en exécution.

Les Etudians pour la plûpart font peu de cas des Traités manuſcrits qu'on leur dicte dans les Ecoles ; la plûpart ſe ſervent de ce qu'ils appellent cahiers d'étude : on peut, on doit même les excuſer ; les cahiers de dictée fournis par les Scribes ſont rarement exacts, ou bien ils ſont mal écrits, & pour la plûpart du temps remplis d'abréviations dont il faudroit avoir la clef. S'ils ſe ſervent de ces cahiers, le beſoin qu'ils en ont, eſt le terme de la conſidération qu'ils ont pour eux ; bientôt après ils les négligent, les perdent, les déchirent. Rarement un Etudiant conſerve ſes cahiers après que ſon Cours eſt fini. Il n'en eſt pas de même des Traités imprimés ; un recueil de Traités de ce genre fait un livre ; on met un certain honneur à conſerver ſes livres propres & en bon état. Il eſt à croire que les Etudians conſerveroient avec plus de ſoin des Traités imprimés, & que ceux d'entr'eux qui ſe deſtinent à la Magiſtrature, ou aux fonctions du Barreau, les conſerveroient comme pouvant leur être utiles pour la ſuite de leur vie.

Il eſt d'ailleurs très-facile d'imprimer correctement les Traités ; ils ſeront imprimés ſous les yeux de leurs Auteurs : ſuppoſé même qu'il s'y rencontre quelques fautes, jamais on n'y en trouvera autant que dans les Traités manuſcrits. On n'y rencontrera plus de ces abbréviations inconnues dont la clef dépend de celui qui les a inventé ; point de morceaux paſſés ni ſupprimés ; les Traités ſeront dans leur entier, les Etudians pourront les lire, les méditer, les apprendre ſans aucun inconvenient.

A ces avantages on peut joindre celui de la diminution des dépenſes occaſionnées par la néceſſité de ſe pourvoir de cahiers manuſcrits. Des Traités imprimés couteront un prix beaucoup moindre ; la dépenſe ne ſe montera pas à la moitié de la ſomme qu'il coute aujourd'hui pour les cahiers. N'eſt-il pas avantageux d'ôter au public une dépenſe inutile & qui ſe fait en pure perte, & de lui ſubſtituer une dépenſe beaucoup moindre, & qui ſera dans ſon entier employée d'une maniere utile & profitable ?

Traitons à préſent de la maniere de conférer les degrés ; il eſt à propos de commencer par mettre ſous les yeux celle qui eſt actuellement en uſage ; elle ſe trouve décrite dans la Déclaration du 19 Janvier 1700, & dans les Articles homologués ſous le Contreſcel de la Déclaration du 6 Août 1682.

La Déclaration du 19 Janvier 1700, ordonne que l'Etudiant après avoir fait ſa premiere année d'Etude & pris la Leçon des Inſtituts du Droit Civil, ſubiſſe un examen ſur ladite matiere ſeulement, à la fin de ladite premiere année, & au plûtard dans le dernier Mars de l'année ſuivante ; qu'il ſoutienne l'Acte de Baccalauréat à la fin de la ſeconde année.

Les Articles X. & XI. du Reglement de 1682, ordonnent que les Ecoliers ne puissent supplier pour la Licence qu'après le 15 Avril de leur troisieme année d'Etude, & alors ils pourront demander des Examinateurs, un Président, & la matiere de leurs Theses; ensorte qu'il y ait toujours six semaines depuis le jour qu'ils auront supplié, jusqu'à celui qu'ils soutiendront leurs Theses. En réunissant ces Articles avec la disposition de la Déclaration du 19 Janvier 1700, on voit que l'Etudiant qui a fait sa These de Bachelier à la fin de sa seconde année, peut supplier pour la Licence au 16 Avril de sa troisieme année; qu'il peut faire son Examen après ce terme, & qu'il est admis à soutenir sa These, six semaines après sa supplique. Cet intervale entre la These de Bachelier & la supplique pour la Licence, est évalué dans la Faculté de Paris, pour ceux qui n'ont soutenu leur premiere These que dans le cours de leur troisieme année à un interstice de six mois & de quinze jours, ce qui joint aux six semaines d'intervalle entre la Supplique & la These, fait un intervalle au moins de huit mois, & à peu près une année Scholastique, surtout en y joignant le temps nécessaire à la préparation pour l'Examen de Droit François. Cette observation est conforme à l'Article XIV. du Reglement de 1682, qui appelle cet interstice l'année de Licence, en conséquence ordonne aux Bacheliers de disputer aux Actes pendant cette année, & enjoint aux Présidens de nommer les Disputans par tour.

La Déclaration du 19 Janvier 1700, ordonne enfin que l'Etudiant dans la derniere année de son Etude, après avoir subi la These de Licence, soutiendra depuis le premier Juillet jusqu'au sept de Septembre un Examen sur la Leçon du Droit François qu'il aura pris pendant la derniere année de son Etude.

Toutes ces dispositions sont observées à la lettre dans la Faculté de Droit de Paris, à l'exception de l'Article XIV. du Reglement de 1682, qui n'est observé qu'en ce qui concerne l'interstice prescrit, & n'est plus d'usage en ce qui concerne la dispute des Bacheliers aux Actes de la Faculté.

Et même il y a longtemps que les Docteurs Aggrégés ont exclu les Bacheliers de cette fonction. L'Article VI. de la Déclaration du 6 Août 1682, a ordonné à ces Docteurs d'assister aux Actes pendant quatre argumens au moins pour juger de la capacité du Répondant, & donner leurs suffrages. Les Docteurs Aggrégés ont pensé qu'il étoit plus court pour eux de proposer un argument que d'assister à quatre : ils se sont mis à disputer sans imaginer qu'ils se mettoient en cela au rang de Bachelier, & qu'ils abandonnoient le ministere de Docteur. En effet d'après la discipline générale de l'Université, un Docteur ne doit disputer que dans certains cas particuliers, par exemple lorsqu'il préside, ou lorsqu'il reçoit un Docteur : du reste il doit écouter les Disputans : il est juge de la dispute, & dans le vrai, il n'est plus dans le cas d'être juge de la dispute lorsqu'il y prend part en argumentant.

A la vérité, la Déclaration du 19 Janvier 1700, a ordonné que ceux qui prétendroient être Docteurs Aggrégés, seroient tenus d'assister aux

Actes pendant une année au moins, & d'y disputer dans l'ordre qui leur seroit prescrit par le Président : mais il faut considerer que les simples Docteurs ne sont pas du Corps de la Faculté ; que ce Cours qui leur est prescrit est une épreuve qu'ils doivent subir, afin que la Faculté ait le temps de connoître ceux qui se disposent à y entrer, & pour suppléer en quelque maniere au Cours de Licence qui ne se fait plus en Faculté : on pourroit donc regarder les Docteurs qui font leur stage dans la Faculté de Droit, comme faisans encore dans ce Cours fonctions de Bacheliers.

Au reste on ne prétend ici en aucune maniere blâmer la conduite des Docteurs Aggrégés, on rend justice à leur zèle ; il est certain que s'ils ne disputoient pas aux Actes, la plûpart des Actes manqueroit faute de Disputans. A cet égard les Aggrégés d'aujourd'hui sont audessus de tout reproche : ceux qui les ont précédé & qui ont premierement rempli en 1682 les places de Docteur Aggrégé nouvellement créés, auroient du conserver avec plus de scrupule la dignité du nom & du titre de Docteur, & laiſſer aax Bacheliers ce qui appartenoit à leur degré. Les Docteurs qui ont ſuccédé aux anciens Aggrégés, ont trouvé les choſes établies ſur ce pied, & ſe ſont trouvé en même temps dans l'impuiſſance de les rétablir comme elles devroient être.

Quant au degré de Docteur, l'Article VIII. de l'Edit du mois d'Avril 1679, enſemble l'Article XII. du Reglement de 1682, preſcrivent que pour obtenir ce degré l'on ſoit tenu un an après la Licence d'expliquer publiquement une matiere de Droit Civil ou Canonique, & de ſoutenir une Theſe ſur l'un & l'autre Droit; cet Article eſt obſervé dans les termes de ſa diſpoſition. La Déclaration du 19 Janvier 1700, y a ajoûté ce que nous avons vû plus haut; que ceux qui prétendront être Aggrégés à la Faculté, ſoient tenus d'aſſiſter durant un an avec aſſiduité en l'habit ordinaire de Docteur, aux Actes que l'on ſoutient, & d'y diſputer dans l'ordre qui ſera preſcrit à cet effet par le Préſident.

Le détail des differens Actes dont nous venons de parler eſt aſſez ſimple. Le premier Examen eſt ſoutenu ſur les

Instituts; celui qui est reçu à ce premier Examen est admis à supplier pour la These du Baccalaureat : après avoir fait sa Supplique, il tire au sort un capitule des Décretales qui doit lui servir de matiere du Droit Canonique; & une Loi du Code pour matiere de Droit Civil, & on lui nomme un Président. Il peut soutenir sa These six semaines après sa Supplique; elle commence toujours par l'explication du Capitule & de la Loi tirée au sort par le Candidat qui est obligé d'en faire l'espece avec les raisons de douter & de décider; le Président argumente pendant la premiere heure, d'abord sur le Droit Canonique, ensuite sur le Droit Civil, ensuite les Docteurs disputent sur les positions de l'un & l'autre Droit alternativement.

L'Examen de Licence roule sur les Traités de Digeste & de Droit Canonique qu'on a pris pendant la seconde & la troisieme année, & cet Examen est par conséquent ordinairement très-chargé de Traités.

La These est soutenue de même que celle du Baccalaureat, sur un texte des Décretales & sur une Loi du Code tirée au ſort ; elle eſt d'une heure plus longue : la premiere Theſe eſt de deux heures, celle de Licence de trois heures, & celle de Docteur de quatre heures, ſuivant les Articles VII. & VIII. de l'Edit du mois d'Avril 1679. L'Examen de Droit François dure une heure conformement à la Déclaration du 19 Janvier 1700. Toutes ces diſpoſitions ſont obſervées très-exactement dans la Faculté de Droit de Paris.

Nous avons vu comment les degrés ſont conférés du moins dans la Faculté de Paris : notre objet doit être à préſent de chercher comment on pourroit les conferer d'une maniere plus profitable. Nous ne blâmons point la maniere préſente, mais nous penſons qu'on n'a pas tout prévû, & qu'on peut ajoûter aux anciennes diſpoſitions, quoique très-utiles par elles-mêmes, quelque choſe de plus utile encore ; nous ajoûtons qu'il eſt peut être néceſſaire pour aſſurer la réforme, de déranger les Facultés de Droit de la voie qu'elles ſont accoûtumées de ſuivre, & de leur en donner une autre.

Il faut commencer par rétablir la

Loi de la résidence dans le lieu où l'on fait le Cours de ses Etudes. Cette Loi est la premiere Loi des Etudes : l'atteinte la plus legere qu'on lui porte entraine nécessairement après elle un dérangement total. Il faut donc absolument rétablir cette Loi & obliger sous peine de nullité des inscriptions & des degrés pris en conséquence, les Etudians, à faire une demeure continue, & sans fraude, dans le lieu où ils prétendent faire leurs Etudes.

On dira que cette Loi est déja portée, l'Arrêt du 9 Août 1700, contient en termes exprès cette disposition ; mais elle n'est point observée ; c'est pourquoi en renouvellant cette disposition si sage, il est indispensable de prendre des mesures pour qu'elle soit exécutée.

Ne pourroit-on pas établir à ce sujet, & faire observer dans les Facultés de Droit surtout des Provinces, ce qui est pratiqué à Paris au sujet des Etudians Allemands qui sont Chanoines Prébendés dans les Chapitres nobles d'Allemagne. Ces Chapitres permettent à de jeunes Chanoines de venir étudier en Droit à Paris pendant une année, & pendant cette année leur accordent les fruits de leurs benefices, ſous la condition qu'ils ne s'abſenteront point de Paris pendant cette année. Le Chapitre exige une preuve ſerieuſe de cette réſidence continuelle.

En premier lieu il faut qu'ils ſe préſentent au Recteur de l'Univerſité, qu'ils prêtent entre ſes mains le ſerment ordinaire de Scholarité, & cela dès le premier inſtant de leur arrivée; ils doivent en rapporter le certificat: en ſecond lieu ils ſont tenus de rapporter une atteſtation de la Faculté ſignée du Doyen & du Syndic, & munie du petit ſceau; cette atteſtation eſt un certificat de l'étude qu'ils ont fait ſous les Profeſſeurs, & ne s'accorde que ſur les atteſtations particulieres de chaque Profeſſeur.

Enfin, & en dernier lieu, il faut qu'ils rapportent au Chapitre un certificat du Bourgeois chez lequel ils ont fait leur demeure pendant l'année, que le certificat porte qu'ils n'ont pas découché de chez lui pendant une ſeule nuit, *non abnoctaſſe*, & que ce même certificat ſoit muni de la ſignature de quelques voiſins, & revêtu de l'autorité du Magiſtrat.

On pourroit établir dans les Facultés des Provinces quelque chose de semblable ; le serment entre les mains du Recteur, le certificat de celui chez lequel l'Etudiant a fait sa demeure, l'autorisation du Lieutenant Général du Baillage, & obliger les Candidats à présenter toutes ces pieces à Monsieur l'Avocat Général pour être admis au serment d'Avocat.

Après avoir rétabli la residence, on peut s'occuper d'un Plan d'étude serieux, & être sur qu'il sera observé, surtout s'il présente un extérieur d'utilité qui puisse être saisi par le public.

En premier lieu nous proposerons ici de rétablir la disposition de l'Article VI. de l'Edit du mois d'Avril 1679, & d'ordonner aux Etudians même de la premiere année d'assister à deux Leçons par jour, l'une des Instituts de Droit Civil, & cette Leçon doit être la base de l'Etude de la premiere année ; l'autre de la Leçon des Institutions Canoniques que nous avons proposé de rétablir, ou des Décretales expliquées en forme de Paratitles : un Paratitle de ce genre peut très-bien tenir lieu d'Institutions Canoniques ;

& cette Leçon feroit la matiere de l'Etude qui ſuivroit celle des Inſtituts du Droit Civil, d'autant mieux que l'Etude du Droit Canonique demande d'être précédée de celle du Droit Civil.

Les Etudians à la fin de leur premiere année ſoutiendroient à l'ordinaire l'Examen ſur les Inſtituts, ce ſeroit le premier Examen, & la Supplique pour cet Examen ſeroit *pro primo examine*.

Les Etudians reçus à ce premier Examen ſupplieroient pour le ſecond qui ſeroit de nature à pouvoir être ſoutenu à trois mois de date du premier. Cet Examen rouleroit ſur les Inſtitutions Canoniques ou ſur le Paratitle des Décretales; ceux qui ſeroient reçus à ce ſecond Examen, ſeroient admis à ſupplier pour l'Acte du Baccalaureat, *ad ſupplicandum pro Actu Baccalaureatus*.

Cet établiſſement remedieroit à un inconvenient qui ſe trouve dans l'ordre actuel de conferer les degrés; nous n'en avons pas parlé plûtôt, quoique cet inconvenient ſe préſente de lui-même; mais il ne vient pas des Facultés de

Droit, il vient des Reglemens de 1679 & 1700.

Dans le Plan actuel, l'Ecolier qui est reçu Bachelier en Droit Civil & Canonique, n'a subi d'Examen que sur les Instituts de Justinien ; il peut par conséquent ignorer ce que c'est que le Droit Canonique, & l'on ne peut lui faire de reproche à ce sujet ; cependant on lui fait soutenir These sur une matiere de ce Droit, & la moitié de la These de Bachelier se passe à argumenter sur cette matiere.

Il est certainement beaucoup plus naturel de ne lui faire soutenir une These sur le Droit Canonique qu'après lui avoir donné les premieres notions de ce Droit, & l'avoir fait répondre sur les généralités qui peuvent le conduire à prendre une connoissance exacte de la matiere sur laquelle il doit disputer.

Il feroit peut être à propos de supprimer dans la Supplique pour la These l'usage de la Faculté de Paris, de faire tirer au sort dans les neuf premiers livres du Code, & de même dans les cinq livres des Décretales, la Loi & le Capitule qui doivent faire les deux matieres de la These de Bachelier. Le sort peut donner au Candidat une matiere aisée ; il peut aussi lui en donner une difficile, & qui soit au-dessus des forces d'un Candidat qui se présente pour sa premiere These. Il seroit à souhaiter qu'on fit un choix des matieres les plus aisées, les plus à la portée de ceux qui sont dans le cas de soutenir la These de Bachelier, & que ces seules matieres fussent destinées à cet Acte ; par exemple, en Droit Civil, les titres du Code où sont traitées les matieres de la Puissance Paternelle, des Nôces, des Dots, des Tutelles, des Jugemens en général, des Senatus-Consultes Velleien, Macedonien, & autres semblables. De même on pourroit faire choix aux Décretales, des Traités, des Offices, à l'exception de celui du Juge délégué, des Jugemens en entier & tels qu'ils sont traités dans le second livre, à l'exception des Appels ; de toutes les matieres du quatrieme livre qui traite du Mariage & de ses empêchemens ; de quelques-unes du cinquieme, comme des Privilèges, de l'Homicide, Ce choix fait, les matieres qu'on assigneroit aux Candidats pour leur premiere Theſe, ſeroient toujours tirées de ce nombre, & ſi l'on eſt attaché à la formule du ſort, on les feroit tirer dans ce choix.

Et pour exciter de plus en plus l'émulation des Etudians, on pourroit exiger d'eux que la Theſe de Bachelier fut faite avant le 16 Avril de la ſeconde année. Ce jour, ou quelqu'un des ſuivans, on feroit comparoître devant la Faculté tous les Bacheliers de l'année; ceux même qui auroient manqué de ſoutenir leur Theſe dans les termes preſcrits, & qui ſeroient dans le cas de vouloir ſupplier pour l'Examen & Theſe de Licence au 16 Avril de l'année ſuivante; on en dreſſeroit un rolle ſur lequel on les appelleroit, on leur déclareroit qu'ils ſont tenus pour ſatisfaire aux Réglemens, d'aſſiſter à toutes les Theſes qui ſeront ſoutenues dans la Faculté juſqu'à ce qu'ils ayent obtenu le degré de Licence, qu'ils y ſeront contraints par amende; que même s'ils manquent à aſſiſter à plus d'un tiers des Theſes de leur année, ils ſeront remis abſolument & ſans aucune ſorte d'indulgence à l'année ſuivante, dans laquelle ils ſeront obligés de reprendre le nombre de Theſes par eux manquées l'année précédente.

Par ce moyen les Etudians ſeroient dans le cas de s'exercer à la diſpute ; ils apprendroient à manier les textes, à s'en ſervir à propos, à parler ſur le champ, & s'exprimer ſans embarras, l'émulation s'établiroit entr'eux, & apporteroit plus de fruit à leurs Etudes.

Cependant les Bacheliers qui ſeroient entrés dans cet eſpece de Cours, ne ſeroient pas diſpenſé pour cela de ſuivre les Leçons des Profeſſeurs de la ſeconde & de la troiſieme année. De plus, ils ſeroient tenus de faire ſous leurs Profeſſeurs, un certain nombre de répétitions. On pourroit ici leur accorder quelques prérogatives qui les miſſent au-deſſus des Ecoliers non gradués ; par exemple, un banc particulier dans les Ecoles, les Profeſſeurs les nommeroient les premiers pour les répétitions ; ils feroient les répétitions en robbe & fourrure ; ils auroient la prérogative d'interroger ſous les yeux & par ordre du Profeſſeur, ceux qui ne ſeroient pas encore Bacheliers : on conviendra ſans peine ici que ces prérogatives peuvent être traitées de minuties ;

mais les hommes, & ſurtout les jeunes gens, ſe menent aſſez ſouvent par des minuties, & des minuties qui ſervent à entretenir l'émulation, & portent à s'appliquer à l'étude, par cela même ne ſont plus des minuties.

A la fin de la ſeconde année du Cours de Droit, c'eſt-à-dire au mois d'Août, immédiatement après la clôture des Leçons publiques, les Bacheliers ſe repréſenteroient à la Faculté, avec les atteſtations des Profeſſeurs qu'ils auroient ſuivi pendant toute cette ſeconde année, enſemble les certificats des répétitions qu'ils auroient fait ſous les Profeſſeurs, & ſupplieroient pour le premier Examen pour le degré de Licence.

Les Traités pris par les Bacheliers dans leur ſeconde année, tant du Droit Civil que du Droit Canonique, feroient la matiere de cet Examen. Si l'on propoſe de mettre cet Examen à la fin de la ſeconde année, c'eſt parce que l'on penſe que rien ne feroit plus utile aux Etudians, rien de plus propre à les animer & à nourrir leur ardeur pour l'Etude, que de leur fair ſubir un Examen à la fin de chaque année ſur ce qu'ils ont dû étudier pendant cette année. D'ailleurs en multipliant les Examens, on diminue la peine de chaque Examen.

Dans l'ordre actuel obſervé dans la Faculté de Paris, l'Examen de Licence eſt aſſez difficile à bien ſoutenir : il roule ſur une trop grande multitude de choſes, il eſt chargé des Traités que l'Etudiant a pris pendant toute ſa ſeconde année, & toute ſa troiſiéme juſqu'au jour de l'Examen : rarement la netteté d'idées, la juſteſſe & la préciſion ſe rencontrent avec un amas de choſes différentes entaſſées pour ainſi dire & très-propres à être confondues. Si l'on diviſe cet Examen, qu'au lieu d'un ſeul on oblige les Etudians d'en ſoutenir deux, l'un à la fin de la ſeconde année, & l'autre au terme ordinaire ; comme dans chaque Examen il y aura la moitié moins de matieres, l'eſprit de l'Etudiant ne ſera pas ſi fatigué, il ſe repoſera dans les bornes de ce qui ſera le ſujet de ſon premier Examen, ſans s'occuper d'avance de celui qu'il ne ſubira que huit mois après le premier. Cependant la néceſſité de ſubir ce premier Examen le tiendra en haleine dès le temps de la ſeconde année qui doit être terminée par cet Examen.

On peut joindre ici encore un autre motif d'utilité pour l'établiſſement d'un premier Examen de Licence à la fin de la ſeconde année. Les Etudians diligens & qui ont fait leur Examen de Bachelier au mois d'Août de leur premiere année, ſoutiennent ordinairement leur Theſe de Bachelier au mois de Décembre, ou bien au mois de Janvier de leur ſeconde année. Depuis ce temps juſqu'au 16 Avril de leur troiſiéme année, ils n'ont aucune épreuve à ſoutenir, ils reſtent par conſéquent près d'un an & demi à n'avoir d'autre occupation que celle d'être aſſidus aux Ecoles en qualité d'Ecoliers. Auſſi l'expérience fait elle voir tous les jours que ce long-temps produit chez la plûpart d'entr'eux un ennui qui dégénere en négligence, les détourne du travail, de ſorte que ſouvent ils s'acquitent des actes néceſſaires pour obtenir le degré de Licentié beaucoup moins bien qu'ils n'ont fait de leurs actes de Bachelier. L'Examen de la fin de la ſeconde année, entretiendroit leur zèle, ne le laisseroit pas se refroidir ; & comme ils seroient d'ailleurs entretenus dans leur émulation par la dispute aux Theses, & les répetitions fréquentes qu'ils feroient sous les Professeurs, il est à croire que cette même émulation recevroit un nouvel accroissement de cet Examen.

Admis à leur premier Examen de Licence, les Bacheliers continueroient de suivre les exercices de l'Ecole, & de disputer aux Theses. Ils gagneroient ainsi leur troisiéme année, dans laquelle ils suivroient comme nous avons dit la Leçon d'un Professeur du Digeste, & du Professeur du Droit François, continueroient de faire des répetitions, & d'assister aux Actes.

Vers le 16 Avril de la troisiéme année, au jour indiqué par la Faculté, les Bacheliers se représenteroient encore à l'assemblée avec les attestations des Leçons par eux prises dans cette troisiéme année : ils supplieroient *pro secundo Examine*, & ils subiroient cet examen sur les Traités qu'ils auroient pris depuis la Saint Martin de cette même année.

Ceux qui auroient été reçus à ce

ſecond Examen de Licence, ſupplieroient *pro Examine publico in Jure Gallico*. Ils feroient cet Examen dans la même forme qu'on le fait aujourd'hui ſous la préſidence du Profeſſeur de Droit François.

Par ce moyen, nous évitons deux inconvéniens qui ſe trouvent dans la pratique actuelle, de ne faire ſoutenir cet Examen qu'après avoir ſoutenu la Theſe de Licence.

Le premier inconvenient conſiſte en ce qu'il eſt tout à fait contraire à l'ordre des degrés, de faire ſoutenir un Acte probatoire, à celui qui a obtenu le degré de Licentié. En effet la Licence eſt l'affranchiſſement des épreuves ſcholaſtiques; celui qui a reçu ce degré n'eſt donc plus dans le cas d'être examiné puiſque néceſſairement un Examen eſt une épreuve d'École: au contraire le Licentié eſt dans le cas d'être réputé Maître, c'eſt même en cette qualité qu'il eſt admis à prendre le dernier degré de Maîtriſe, c'eſt-à-dire le degré de Docteur qui lui eſt conferé ſur un Acte purement honoraire, ſans ſuffrages ni ſcrutin. Si l'on remet l'Examen de Droit François avant la These de Licence, on ne fait que rappeller les choses à leur ancien & véritable esprit.

Le second inconvénient est que dans l'ordre qu'on suit actuellement, de ne faire soutenir l'Examen de Droit François qu'après la These de Licence; on se trouve dans la néçessité, de donner le degré de Licence, avant que l'Etudiant ait achevé son Cours de trois ans; ce qui est contraire à l'esprit de la discipline scholastique. La Licence est, comme nous avons déja dit, le complément des degrés qui s'accordent sur des épreuves, & en vertu d'un Cours d'Etude; il seroit donc plus décent & plus convenable, que ce degré ne fut conféré qu'après que le Cours entier seroit accompli.

Cependant en suivant les Réglemens homologués sous le Contre-Scel de la Déclaration du 6 Août 1682, Article X. & XI. on peut supplier pour la Licence au 16 du mois d'Avril, six semaines après la Supplique on peut soutenir sa These, par conséquent vers le 26 ou 27 du mois suivant. L'Etudiant peut donc être Licentié au 26 ou 27 du mois de Mai:

&

& il eſt licentié ſans àvoir accompli ſon Cours d'étude, il lui manque cinq ſemaines du trimeſtre d'Avril & le trimeſtre de Juillet tout entier, ce qui fait preſque un trimeſtre & demi. Pour remédier à cet inconvénient, la Déclaration du 19 Janvier 1700, a ordonné que les Etudians ſubiſſent l'Examen ſur le Droit François depuis le premier Juillet juſqu'au 7 de Septembre; mais elle n'y a paré qu'à demie; ſi le Licencié ne veut pas prêter le ſerment d'Avocat, l'Examen de Droit François & l'inſcription de Juillet lui ſeront inutiles, il n'en ſera pas moins Licentié, ſans avoir ſatisfait au tems d'étude complet. A la vérité, s'il veut être Avocat, il doit s'inſcrire encore une fois & ſubir l'Examen; alors le premier inconvénient renaît; un Licentié eſt tenu à la fréquentation des Ecoles, comme un ſimple Ecolier, & obligé de ſoutenir un Examen probatoire, où il peut être admis ou refuſé.

Le plan que nous propoſons à cet égard ſeroit donc que le Bachelier ſoutînt ſon Examen de Droit François à peu près dans le tems auquel on peut aujourd'hui ſoutenir légitimement la

These de Licence, peut-être même un peu plus tard, sur la fin de Juin ou au commencement de Juillet : après cet Examen, il seroit admis à soutenir sa These de Licence, sans lui fixer d'autre terme que le trimestre de Juillet, en rapportant néanmoins les attestations de ses études, du nombre des répétitions qu'il auroit faites, & des Theses auxquelles il auroit assisté ou disputé.

La These de Licence rouleroit toujours sur des matieres de droit plus fortes que celles sur lesquelles on auroit soutenu la These de Bachelier ; on pourroit pour cette These faire choix en Droit Civil des matieres réelles, telles que la demande d'hérédité, la revendication, les servitudes, les gages & hypotheques ; on y joindroit les matieres personnelles, comme les obligations & actions, les contrats & quasi-contrats, les matieres testamentaires & autres des plus fournies du Droit. De même pour le Droit Canonique, les Traités des Elections, ceux des Appels, presque tous les Traités du troisiéme Livre des Décretales, tels que ceux des Bénéfices, Institutions, Collations, du droit de Patronage, des dixmes, des Réguliers, la plûpart de ceux du cinquiéme Livre, tels que celui de la Simonie, de l'Homicide, de l'Usure, seroient dans le cas d'être choisis pour cette These. Le Jeudi suivant le Récipiendaire prêteroit le serment de Licence & tout de suite il pourroit être admis au serment d'Avocat.

Nous ne proposons rien de nouveau par rapport au Doctorat, ce dégré est un titre d'honneur auquel tout Licencié a droit de prétendre, & qui cependant n'est pas nécessaire à tous les Etudians.

Retraçons ici en peu de mots le plan que nous avons proposé, & tâchons de faire appercevoir d'un coup d'œil toute son utilité.

Ce plan se réduit à peu d'objets, & l'on peut dire que l'exécution de chacun de ces objets est très-facile.

1o. Qu'on suive deux Professeurs par chaque année, pour la premiére, un Professeur des Instituts de Justinien, & le Professeur de Droit Canonique, si l'on veut consentir au rétablissement de cette Leçon; ou bien que l'on joigne au Professeur des Instituts la Leçon du Professeur du Paratitle des Décrétales : que dans la seconde année l'Etudiant suive les Leçons d'un Professeur du Digeste & la Leçon du Decret, ce qui seroit absolument nécessaire au cas où les Etudians seroient tenus de prendre pendant leur premiére année la Leçon du Paratitle ; enfin que dans la troisieme année les Etudians suivent une Leçon du Digeste & celle du Droit François,

2°. Qu'à la fin de la premiere année on subisse à l'ordinaire l'Examen des Instituts ; au commencement de la seconde, l'Examen sur les Institutions Canoniques, ou sur le Paratitle des Décrétales,& la These de Bachelier vers le milieu de cette année.

3°. Qu'on rétablisse l'obligation où étoient anciennement les Bacheliers de répéter sous les Professeurs le plus fréquemment que faire se pourra, & qu'en même tems on les oblige d'assister aux Theses & d'y disputer.

4°. Que les Bacheliers subissent à la fin de leur seconde année d'étude un premier Examen de Licence sur les Traités de Digeste & de Droit Canonique qu'ils auront pris pendant cette année : que vers le milieu de la troiſieme année, ils ſubiſſent un ſecond Examen de Licence ſur les Traités de l'année, & qu'à l'expiration de cette même année, ils ſubiſſent l'Examen de Droit François.

5°. Qu'enfin le Cours de Droit ſoit terminé par la Theſe de Licence.

Si l'on ſuit exactement les articles de ce projet, on verra ſe rétablir l'aſſiduité aux Leçons des Profeſſeurs. L'émulation renaîtra parmi les Etudians par le moyen des répétitions qu'ils ſeront obligés de faire, & par les diſputes qu'ils feront aux Theſes les uns des autres. Et les Examens fréquens qu'ils ſeront obligés de ſoutenir nourriront & entretiendront chez eux l'amour de l'étude.

Nous avons il eſt vrai multiplié le nombre des Examens, ſans multiplier celui des Theſes ; les Candidats ſoutiennent dans ce plan deux Examens pour le Baccalaureat, trois pour la Licence, & ne ſoutiennent que deux Theſes. Mais un Examen eſt une épreuve d'une toute autre importance qu'une Theſe ; l'Examen exige un corps de Science ſur une généralité de Traités ; au lieu que la These est bornée aux deux matieres qui en font le sujet ; de sorte qu'il faut beaucoup plus de science pour soutenir un Examen, que pour se bien acquitter d'une These ; d'ailleurs en rétablissant pour nos Candidats l'obligation de disputer aux Theses les uns des autres, nous les obligeons de se préparer sur toutes les Theses de leurs Cours, qui par ce moyen, deviennent en quelque sorte communes à tout le Cours.

Ajoutons ici que pour exciter d'avantage l'émulation, les Facultés pourroient être autorisées par les nouveaux Reglemens, à accorder aux Etudians qui se seroient distingués pendant le cours de leurs études, la prérogative de pouvoir prendre le bonnet de Docteur sur le champ, & sans être obligé d'attendre l'année d'intervale prescrite par les anciens Reglemens entre la Licence & le Doctorat.

Nous n'avons point compris dans ce que nous avons proposé deux espéces d'étudians, dont le nombre est toujours le plus petit, sur-tout dans la Faculté de Paris ; ce sont ceux qui étudient seulement en Droit Canonique, &

ceux qui étudient en Droit par bénéfice d'âge.

Il eſt aiſé d'appliquer ce que nous avons dit ci-deſſus à ceux qui étudient en Droit Canonique ſeulement, & qui cependant ſuivent le cours ordinaire de trois années : ils ſuivront pendant chacune de leurs trois années deux Profeſſeurs de Droit Canonique, ils ſubiront un Examen à la fin de leur premiere année, ſur les Inſtitutions Canoniques ou ſur le Paratitle, au commencement de leur ſeconde année un Examen ſur les Traités du Décret qu'ils auront pris pendant la premiere année, & la premiére Theſe vers le milieu de cette ſeconde année : & comme le Profeſſeur du Decret donne tous les ans des traités nouveaux, à la fin de leur ſeconde année ils ſubiront l'Examen ſur les Traités qu'ils auront pris pendant cette année : ils ſubiront le ſecond Examen de Licence au milieu de leur troiſiéme année toujours ſur les Traités de l'année : & pour répondre à l'Examen que les autres Etudians ſubiſſent ſur le Droit François, ils ſubiront à la fin de leur troiſiéme année & de leur Cours un Examen ſur les maximes & libertés de l'Eglise de France, & la These de Licence sera pour eux la fin de leurs cours & de leur étude.

Nous conviendrons sans peine qu'il y a plus de difficulté à soumettre ceux qui étudient par bénéfice d'âge à toutes ces épreuves; leur étude n'est que de six mois; peut-on exiger d'eux pendant un tems aussi court tout ce qu'on demande de ceux qui ont trois années entieres pour toutes les épreuves que nous avons décrites.

On pourroit les leur faire toutes subir, en les abrégeant, c'est-à-dire, en y faisant entrer moins de matiere & proportionnant les intervalles au tems de leur étude. Par exemple celui qui se sert du privilége de l'âge, pourroit au bout du premier mois de son étude subir l'Examen que les bénéficiers d'âge soutiennent sur les Instituts; au bout du second mois, il soutiendroit un Examen sur les Instituts Canoniques ou Paratitles des Décrétales, & sa These à la fin du troisiéme mois, il parviendroit ainsi au Baccalaureat. Au bout du premier mois du second trimestre, il seroit admis à soutenir Examen sur un seul Livre du Digeste du nombre de ceux qui auroient été expliqués dans les Ecoles pendant le cours de ſon étude : à la fin du ſecond mois il ſoutiendroit Examen ſur un ou deux Traités de Droit Canonique, qu'il annonceroit lui-même ſur les billets de ſon Examen; quinze jours après, il ſubiroit Examen ſur quelques Traités du Droit François, qui lui ſeroient marqués par le Profeſſeur de ce Droit, & il termineroit le tout à l'ordinaire par la Theſe de Licence.

Projet d'une Émulation particuliere dans la Faculté de Droit de Paris.

IL ne doit pas paroître étonnant que l'on propoſe ici un Plan d'Émulation particulier à la Faculté de Droit de Paris, même dans le cas où l'on ſuivroit pour les autres Facultés le Plan que nous avons tracé ci-deſſus. Cette Faculté eſt à tous égards la premiere du Royaume, elle eſt ſans contredit la plus ancienne, placée ſous les yeux des premiers Magiſtrats, elle les compte tous au nombre de ſes Eleves, elle forme même tous les jours des Sujets destinés aux plus grandes places. Rien ne convient mieux à la premiere Faculté de Droit, à celle qu'on peut regarder comme la mere de toutes les autres, que de se distinguer par une discipline qui lui soit propre. Une partie de ceux qui sortent tous les ans de ses Ecoles est destinée aux emplois les plus élevés ; n'est-il pas juste qu'elle leur apprenne à chercher le commencement de leur élevation dans leur travail, leur application & leur science.

Cependant le Plan que nous allons proposer ne peut être général, & quoi qu'il fut à desirer que ce Plan fut suivi par tous les Etudians, on est forcé de convenir que tous ne sont pas dans le cas de le pouvoir suivre ; une demeure à Paris plus longue que celle qui est occasionnée par le Cours ordinaire des Etudes, peut être incommode à bien des Etudians, & même la nécessité de remplir les charges des Provinces peut les rappeller chez eux sans leur permettre de faire à Paris le séjour qui séroit nécessaire pour tous les actes dont nous parlerons par la suite. D'ailleurs un Cours plus long à Paris que dans les autres Facultés de Droit du Royaume, s'il etoit général pour tous les Etudians feroit déserter les Ecoles de cette Faculté, & mettroit les Professeurs & les Docteurs en Droit de Paris dans le cas de ne pouvoir vivre : on sçait qu'ils ne subsistent que du produit des Ecoles & ce produit dans un tems aussi dur que celui-ci, où même la Faculté a beaucoup moins d'Ecoliers que dans les tems précédens, ne peut être diminué sans faire craindre aux Docteurs de la Faculté de Paris, de perdre ce qui seul fournit à leur subsistance.

Ainsi donc nous ne proposerons point de ne pas admettre dans la Faculté de Paris le plan de conférer les degrés sur le cours ordinaire de trois ans ; il est à propos que ce plan, tel que nous l'avons décrit, subsiste dans la Faculté de Paris pour ceux qui ne croiront pas être dans le cas de suivre les exercices du grand Cours. Nous nous contenterons de proposer notre projet pour trois genres de personnes qui peuvent être aisément soumises à la nécessité de suivre un Cours régulier d'exercices pendant un tems plus long que le tems ordinaire : les autres auront la liberté de le ſuivre ou de ne le pas ſuivre, de prendre leurs dégrés au grand ou au petit ordinaire. Il eſt à croire que tous ceux qui ſeront conduits par l'amour du travail & par l'envie de ſe diſtinguer ſe porteront avec cœur à fournir cette carriere, ſurtout ſi le gouvernement veut bien y contribuer en accordant quelques priviléges à ceux qui auront pris leurs dégrés d'une maniere auſſi diſtinguée.

Ce que nous propoſons d'établir, ou plûtôt de rétablir dans la Faculté de Droit de Paris eſt un Cours de Licence régulier ſemblable à celui qui ſe fait dans la Faculté de Théologie & dans celle de Médecine, & peu différent de celui qui ſe faiſoit dans la Faculté de Droit elle-même avant l'Arrêt du Parlement du 13 Juin 1534. Cet Arrêt n'a pas expreſſément ſupprimé la Licence, il n'a fait que la ſuſpendre par maniere de proviſion, & juſqu'à la réforme de l'Univerſité qu'on attendoit alors, il a cependant réduit les épreuves à un ſeul Examen, & une ſeule Theſe pour chaque dégré. La réforme ne s'eſt faite qu'en 1598, & 1600, on avoit dès-lors oublié qu'il y eût eu jadis une Licence dans la Faculté de Droit ; du moins les nouveaux Statuts de 1598, & de 1600, n'en font aucune mention.

Trois ſortes de perſonnes peuvent être ſoumiſes à cette épreuve ; ceux qui ſe deſtinent à la Magiſtrature du Parlement, ceux qui veulent être Docteurs de la Faculté de Paris, à l'effet d'en remplir un jour les places ; ceux enfin qui veulent être Avocats, dans l'intention de ſuivre le Palais à Paris & d'être inſcrits ſur le Tableau de ceux qui fréquentent le Barreau.

Les Loix exigent un certain âge de ceux qui veulent être pourvûs d'offices; ceux qui veulent ſuivre la Faculté ſont tenus de garder une année d'interſtice entre la Licence & le Doctorat, & depûis la Licence, ils ſont tenus de ſuivre les actes pendant une année, & de diſputer aux Theſes. Enfin un Avocat ne peut être inſcrit ſur le Tableau de ceux qui fréquentent les Tribunaux de Paris, qu'après avoir ſuivi le Palais pendant quatre années. On ne fait donc aucun tort à ceux qui veulent ſuivre une de ces trois carrieres, en les aſſujettiſſant à un Cours d'épreuves plus long, que celui auquel les autres demeureront assujettis ; nous prouverons par la suite qu'il n'en peut revenir qu'un très-grand avantage pour la Magistrature, pour les Ecoles & pour le Barreau.

Mais avant de proposer ici de nouvelles idées sur le rétablissement d'une Licence dans la Faculté de Droit, il est à propos de décrire celle qui a eu lieu autrefois dans la même Faculté, & de faire connoître quels ont été les actes de cette Licence. On est en état de donner la preuve (*a*) que cette Licence a subsisté dans la Faculté de Droit environ depuis l'année 1200, jusqu'en l'année 1534, c'est-à-dire au

---

(*a*) Vide. *Rigord in gestis Philippi Augusti ad ann.* 1209.

Bullas Gregorii IX. anni 1227.

Bullam ejusd. an. 1231. *ad Univ. Paris.*

Bullam ejusd ann. 1237.

Provis. Magistr. qui debeant dici Scholares &c. an. 1251. *apud Bulaum Hist. Univ. Paris.* Tome III page 240. *Idem apud Choppin. Lib.* 3. *de Domanio, Tit.* 27. *N°.* 13. *Idem apud Dupuy*, Preuves du Traité de la majorité de nos Rois, Edit. 1655. page 551.

moins pendant trois cent quarante-quatre ans ſans interruption.

Nous indiquerons ici les ſources où nous puiſerons ce que nous avons à dire à ce ſujet : ce ſont les plus anciens Statuts de la Faculté, dont on ignore le tems précis, & qu'on peut remonter juſqu'à l'année 1250. Ceux qui ont été faits plus d'un ſiécle après dans l'Aſſemblée tenue par la Faculté le 23 Janvier 1370. ces Statuts ainſi que les premiers ſont rapportés dans le troiſiéme Tome de la derniere édition du Spicilége de Dom Luc d'Achery (*a*), & ſont en manuſcrit dans la Bibliotheque de Saint Germain des Prés (*b*). Nous ſuivrons auſſi ceux qui ſont dans l'ancien Livre de la Faculté de Droit, ceux-ci ſont de différens tems, quelques-uns peuvent remonter juſqu'en 1270. d'autres paroiſſent devoir être rapportés à l'année 1380. & ce qui le perſuade c'eſt l'accord fait entre le Chapitre de Paris & la Faculté, au ſujet de la Leçon

(*a*) Page 736.
[*b*] N°. 1951.

de Droit Canonique que le Chapitre de Paris prétendoit avoir droit de faire faire par un Chanoine de la Cathédrale aux Écoles de ſon Cloître ; cet accord fut fait en 1386. & eſt rapporté immédiatement après les Statuts. Nous nous ſervirons auſſi de la réforme du Cardinal d'Eſtouteville, & de ce que l'on trouve dans les Regiſtres de la Faculté depuis l'année 1414.

Des Études & de la Licence en la Faculté de Droit de Paris avant l'année 1534.

LE tems d'étude néceſſaire pour parvenir au dégré de Bachelier dans la Faculté de Droit étoit très-long ; les anciens Statuts parlent de ſept ans, de ſix ans ; le moindre tems étoit de cinq années, & pour qu'on ne s'y trompe pas, les Statuts expriment l'eſpace de ſoixante, quarante-huit, quarante & trente-ſix mois, & déclarent que le mois doit être de vingt-huit jours ou de quatre ſemaines.

Les Etudians étoient obligés de prendre deux leçons chaque jour, la Leçon d'un Docteur Régent sur le Decret, & celle d'un Bachelier lisant sur les Décrétales. Dans les tems où le Droit Civil étoit enseigné à Paris ils prenoient sur le Digeste la Leçon d'un Docteur Régent, & celles d'un Bachelier sur les Instituts & sur le Code ; ces leçons ainsi que celle des Décretales étoient propres aux Bacheliers (*a*) : celles du Decret & du Digeste étoient réservées aux seuls Docteurs : au reste on pouvoit unir ensemble l'étude du Droit Civil & l'étude du Droit Canonique (*b*), & le tems de l'une & de l'autre étude étoit compté, pour celle des deux sciences

---

(*a*) *Baccalarii Decretales & Leges legentes* Provis. anni 1251.

[*b*] *Cæterum volumus quod cum auditione vel lecturâ canonum, auditio vel lectura alterius scientiæ concurrat, & utraque auditio computetur : Quinimo qui sic canones & aliam scientiam audiverit, juvari volumus & tempus sibi computari in altera earum Facultatum quam prius elegerit duntaxat.* Articul. II. Statut. anni 1370. die 3 Januarii.

dans laquelle l'Etudiant vouloit prendre son dégré.

L'Ecolier étoit obligé de prendre quatre fois par an les attestations de ses Maîtres (*a*), c'est-à-dire du Bachelier lisant, & du Docteur Régent, sous lesquels il avoit étudié. Le Bachelier donnoit le premier son attestation, elle étoit reportée par l'Ecolier au Docteur Régent, & celui-ci la joignoit à la sienne. Les quatre termes de l'année étoient, la fête de Noël, celle de Pâques, la fête de Saint Pierre & Saint Paul, enfin la fête de Saint Remi; ce qui revient à peu près aux quatre trimestres auxquels les Etudians sont aujourd'hui tenus de prendre leurs inscriptions.

[*a*] *Statuimus & ordinamus quod de cætero quilibet Scholaris, quater in anno adminùs, scilicet circa festum Natalis Domini, Pascha, Apostolorum Petri & Pauli, & Sancti Remigii habeat cedulas à Magistro suo in quibus testimonium perhibeatur super auditione & scholaritate ipsius; ita tamen quod super auditione Decretalium ipse Magister prius informetur per cedulas illorum Baccalariorum à quibus testificandus audiverit*, &c. Articul. IV. Statut. anni 1370.

Après que le Cours d'étude nécessaire pour le dégré de Bachelier étoit fini, les prétendans à ce dégré remettoient leurs Cédules, c'est-à-dire leurs attestations entre les mains du Doyen, qui en faisoit part à la Faculté le Jeudi à la Messe de la Faculté *diebus Jovis in Missâ Facultatis*, c'est-à-dire à l'Assemblée qui se tenoit tous les Jeudis après la Messe dans la Chapelle de Saint Jean de l'Hôpital. Ils faisoient leur supplique, on leur donnoit jour pour l'Examen, quelquefois c'étoit le jour même, quelquefois l'Examen étoit remis au lendemain; l'Examen duroit toute la journée, il se faisoit en présence de tous les Docteurs Régens qui s'étoient trouvés présens à la supplique: si plusieurs avoient supplié ensemble, on les examinoit ensemble, les suffrages se donnoient tout haut & de vive voix. Ceux qui étoient admis à l'examen, étoient de cet instant reçus Bacheliers, & on leur faisoit prêter le serment contenu dans l'ancien Livre de la Faculté sous le titre, *Juramenta quæ debent prestare admissi ad gradum Baccalariatus.*

Les Candidats reçus à l'Examen, & faits Bacheliers, étoient tenus de faire ce que les Statuts appellent *Propositum & Harenguam* (a). Un propos & une harangue. Le *Propositum* paroît avoir été ce que nous appellons aujourd'hui du nom de These, c'est-à-dire un acte soutenu par un Bachelier sur des propositions par lui mises à la Dispute. Le Manuscrit de Saint Germain des Prés, qui contient les Statuts de 1250. & de 1370. contient quelques-uns de ces Propos; nous allons les décrire sommairement pour qu'on puisse juger du fonds de cette sorte d'actes.

On mettoit en tête du *Propositum*, l'annonce d'un texte dont on proposoit le cas, c'est-à-dire dont on faisoit l'espece (b), dans la forme à peu

---

(a) *Item nota quod Baccalarii novi tenentur facere haranguam suam post propositum suum, antequam legant*, Article IX. Stat. 1250. Spicilége, tome III. page 736. *ultimæ editionis*.

(a Il y a treize de ces *Proposita* dans le Manuscrit de Saint Germain des Prés, qui sont près de celles qui ſont en tête de chacune des cauſes de Gratien ; le cas étoit ſous-diviſé en pluſieurs queſtions qu'on mettoit toutes en diſpute, & qui étoient traitées, *pro & contrà*, par l'au-

---

tous dans la forme que nous venons de décrire : il eſt bon d'en indiquer quelques-uns des mieux faits.

Verum, *iſtud capitulum eſt ſituatum in rubricâ de conditionibus appoſitis, & in iſto capitulo fecit Reverendus Doctor utriuſque juris Dominus Evrardus de Tremangonio legens ordinariè in aurorâ Pariſiis in magnis Scholis propoſitum ſuum anno Domini milleſimo treceſimo ſeptuageſimo : & iſtud propoſitum diviſit in ſeptem partes.* La matiere des conditions & des modes y eſt traitée avec grande étendue; il s'agit des conditions, *in præſens, præteritum & futurum*, des poteſtatives, mixtes & impoſſibles, les conditions *in faciendo, in non faciendo* s'y trouvent expliquées d'après les principes du Droit Civil : dans chacune des deux parties, il y a des queſtions, des doutes, & des déciſions, & quelques excurſions ſur des matieres étrangeres.

On peut voir auſſi celui que *ſit Magiſter Petrus de Ripâ Magiſter in artibus & Bachelarius in utroque jure*, ſur le cap. *Jurgantium extrà de ſententiâ & re judicatâ.* Et les cinq propos du Bachelier Etienne de Conty, Auteur du manuſcrit.

torité des Loix Civiles, des Canons & des Décrétales, & cela dans le véritable ſtile des Gloſes. Toute ſorte de Droit étoit admiſe dans le Traité des queſtions du propos. Le Droit Civil, le Droit Canonique, le Droit des Gens; le Droit Public, le Droit Féodal, le Droit Coutumier, l'autorité des Docteurs & des Gloſes; on y trouve une érudition immenſe, mais ſans critique, une infinité de choſes, mais confondues & brouillées. Le peu de méthode de ce tems-là, mettoit dans les ſciences un déſordre qui n'en a été banni que quelques ſiécles après, c'eſt-à-dire lors de la renaiſſance des Lettres.

Le ſecond Acte auquel étoient tenus les nouveaux Bacheliers, étoit ce que les Statuts appellent *Harengua*, c'eſt-à-dire, Harangue. Le Manuſcrit de S. Germain des Prés que j'ai déja cité en contient un grand nombre avec ce titre: *Incipiunt Harenguæ ad recommendationem Juris Canonici*, ou bien *Civilis* ſuivant le ſujet de la Harangue. Tous ces diſcours commencent par un texte tiré de quelque Capitule des Décrétales, ou de quelque Loi du Code, que l'Orateur applique à la ſcience dont il veut faire l'éloge (*a*) ; il diviſe

---

(*a*) Incipit Harenga ad recommendationem Juris Canonici.

MATER EST ET MAGISTRA. *Scribitur in cap. ſin. de foro competenti. Dictam propoſitionem ad ſacræ ſcientiæ recommendationem adaptando exordior in hunc modum.*

dans fidei funda- }
ſanctitatis docu- } *mentum*
mentique decora- }
dici poteſt ut nunc juva- }

fo- }
fulci- } *mentum*.
condi- }
nutri- }

dicta propoſitio ſuis liquet terminis, præſertim cum fides de quâ loquitur &c. page 13 du manuſcrit de S. Germain des Prés.

Incipit Harenga ad recommendationem Juris Civilis.

EST RES SANCTISSIMA CIVILIS SAPIENTIA. *Scribetur ff. de variis & extraordinariis cognitionibus, & habetur ita libro ſupremo ff. eſt l. 1. §. proinde. Dicta quidem propoſitio veritate intellecta poteſt faciliter approbari, cum Jure Civili*

divina diſpon- }
mala contemn- } *untur*
devia dirig- }
& acquiruntur maxima nec non refulgetur gloriâ.

divina diſponuntur cum fidei chriſtianæ religionem admonet obſervandam, errores ſpernere, hereticos condemnare, divinarum rerum alienationes interdicit, Eccleſias privilegiare ſatagit luculenter, ut hic probatur per titulos codicis de ſumma Trinitate, de Epiſcopis & Clericis, de Sacro ſanctis

ordinairement ſon Diſcours en attribuant d'après ſon texte différentes qualités au Droit Civil ou Canonique, il explique & prouve que chacune de ces qualités convient à la ſcience dont il fait l'éloge, ce qu'il prouve par toutes les autorités de l'un & de l'autre droit, des Docteurs, des Auteurs, des gloſes qui ſe ſont préſentées à ſon eſprit. A la fin du Diſcours, l'Orateur conclut ordinairement que ſon texte contient l'éloge du Droit Canonique ou du Droit Civil, & termine ſa Harangue par les paroles même de ſon texte, les mêmes par leſquelles il a commencé. On ne doit pas s'attendre à trouver dans la plûpart de ces diſcours, un ſtyle relevé ni les graces académiques; quelques-uns ſont pourtant en aſſez bon Latin, & ne manquent pas de génie. Et même celui qui eſt le quatriéme dans le Manuſcrit de S. Germain des Prés, eſt d'une invention & d'une allégorie aſſez ingénieuſe.

Au reſte le propos & la harangue

Eccleſiis, de Epiſcopali audientiâ, &c. page 19 du même manuſcrit.

devoient

devoient être faits quinze jours utiles après la réception au Baccalaureat, on le faisoit même promettre avec serment à chaque nouveau Bachelier, la Faculté pouvoit néanmoins accorder un temps plus long *(a)*. Il paroît que les Bacheliers avoient le choix de la matiere sur laquelle ils devoient soutenir : les *Proposita* rapportés dans le même manuscrit le font voir : les Statuts de la Faculté les obligent seulement à apporter leurs conclusions à la Faculté *(b)*. Le Statut ajoûte que la Faculté les pourvoira d'un Docteur. Ce Docteur est appellé dans tous les Statuts *Doctor Baccalarii*, le Docteur du Bachelier. Etoit-ce son Président,

---

(*a*) *Item quod infra quindecim dies utiles dicetis propositum & harengam, nisi per collegium vobiscum fuerit dispensatum.* Artic. 7. Juramentor. quæ debent præstare admissi ad gradum Baccalariatus, in veteri libro consultissimæ Facultis.

(*b*) *Omnes Baccalarii respondere volentes suas conclusiones afferant Facultati, & Facultas eis providebit de Doctore.* Art. ult. statutorum concernentium scholares in veteri libro Facultatis.

étoit-ce un Docteur chargé du ſoin de ſes Etudes particulieres. Les Statuts ne diſent rien à ce ſujet. Il y a lieu de penſer que ce Docteur étoit le Préſident de la premiere Théſe, & que ce titre donnoit à ce Docteur un droit d'inſpection & de ſurveillance ſur les Etudes du Bachelier qu'il avoit préſidé. Nous trouverons par la ſuite de quoi confirmer cette conjecture.

Celui qui étoit Bachelier n'étoit pas pour cela ſeul admis au Cours de Licence, ou Liſance, car je crois que ce dernier terme eſt le terme propre d'autant que les Bacheliers admis à ce Cours, ſont appellés dans tous les Statuts *Baccalarii legentes, admiſſi ad lecturam, lecturam incipientes.* Et d'ailleurs la principale fonction de ce Cours, étoit celle de lire & expliquer dans les Ecoles d'un Docteur, les Décretales, ou les Inſtituts & les Loix du Code.

Le Bachelier qui vouloit entrer dans ce Cours étoit obligé d'attendre qu'on en fit l'ouverture. Cependant il étoit obligé juſqu'à ce jour de ſoutenir par chaque année au moins un propos : l'Article 10 des Statuts de l'an 1250. l'ordonne en termes formels (a), sous la peine de ne pouvoir être admis au Cours. Il paroît que ce Statut étoit observé rigoureusement, dans le Manuscrit de S. Germain des Prés; on trouve jusqu'à cinq propos différens du seul Etienne de Conty Bachelier, depuis l'année 1372, jusqu'en l'année 1374. Rien n'étoit plus propre à entretenir l'émulation des Bacheliers & à les tenir en haleine.

L'ouverture du Cours, du moins dans les premiers temps, ne se faisoit pas fréquemment, il ne s'ouvroit d'abord que tous les quatre ou cinq ans; dans les temps postérieurs on l'ouvroit tous les deux ans.

Le Docteur du Bachelier lui délivroit une cédule qui portoit qu'il liroit tel livre dans l'Ecole de ce Docteur; cette cédule devoit être scellée du sceau du Doyen & de celui du Docteur, qui est appellé dans les Sta-

(a) *Quilibet Baccalarius in decretis tam novus quam antiquus, tenetur ad minus facere unum propositum in anno, si velit legere Parisius.* Art. 10, Statut. an. 1250.

tuts *proprius suus Doctor* (*a*) son propre Docteur, ce qui confirme l'idée que le Docteur du Bachelier étoit le Président de sa premiere These, qui conservoit après cet acte une sur-intendance d'affection sur les Etudes du Bachelier.

Les cédules des Bacheliers devoient être remises au premier Bedeau de la Faculté; cet Officier étoit chargé de les publier dans les Ecoles, & de les remettre ensuite au Doyen pour les enregistrer. La forme de la Cédule est contenue dans les anciens Statuts (*b*), & les anciens registres sont pleins des

---

(*a*) *Quilibet Baccalarius legens . . . quolibet anno in principio suæ lecturæ unam cedulam à proprio suo Doctore sub quo, & in cujus scholis leget ipsius Doctoris & Decani Facultatis sigillis sigillatam recipere teneatur*. Art. 18. Statut. tangentium Baccalarios legentes; in lib. Facult.

(*b*) *Dictæ Cedulæ forma erit ista. Talis Baccalarius in Jure Canonico Parisius incipiet hodie tali horâ talem librum Decretalium pro tali anno seu libro lecturæ suæ in Scholis talis Doctoris*; artic. 9. statut. tangentium Baccalarios legentes; in libro Facultatis.

Nicolaus Rousselli, Clericus Lingonensis;

enregistremens de ces anciennes cédules ; le Doyen les remettoit ensuite au Bedeau qui les remettoit aux Bacheliers s'ils vouloient les avoir ou bien en démeuroit chargé jusqu'à ce que le cours fini les Bacheliers se présentassent pour subir l'Examen de Licence ; alors les Bacheliers les rapportoient ou le Bedeau les remettoit à la Faculté, qui les vérifioit dans l'Assemblée tenue à cet effet.

Au reste aucun Bachelier ne pou-

Diœcesis Mag. in artibus & Bachalarius in decretis Parisius, hodie in nonis Nostræ Dominæ incipiet primum librum Decretalium in scholis posterioribus ad intersignium sancti Andreæ : pro primo anno & primo volumine suæ lecturæ datum anno millesimo quadringentesimo decimo quarto die vicesimâ sextâ mensis Maii. Sub Decanatu Livini Neveline an. 1414 ex Registris Facultatis. Comme dans cette cédule proclamée le nom du Docteur est obmis, en voici une autre ou rien ne manque.

Stephanus le Jay M. in art. & Bac in decretis incipiet quartum librum Decretalium in scholis ad intersignium sancti Hylarii in quibus legit D. Robertus de Becco Decretorum Doctor p. tertio anno & tertio volum. lecturæ suæ datum xi. Octobris anno M°. CCCC°. XV°. in Registris Facult. sub eodem Decanatu.

voit lire que dans des Ecoles Doctorales, c'est-à-dire dans les Ecoles d'un Docteur actuellement Régent & qui y enseignat le décret; il étoit même tenue d'assister à toutes les Leçons de ce Docteur, à moins qu'il n'en fut dispensé par la Faculté. Le Bachelier qui avoit commencé de lire dans les Ecoles d'un Docteur, & qui y avoit continué pendant deux mois, ne pouvoit plus changer de toute l'année *(a)*, si ce n'est avec la permission de la Faculté ou du Docteur (*b*). Le seul cas auquel un Bachelier pouvoit lire dans une Ecole particuliere, étoit celui où les Ecoles des Docteurs se seroient toutes trouvées remplies; alors la Faculté lui accordoit dispense de lire dans des Ecoles Doctorales (*c*), il devoit même en avoir une attestation ou cédule scellée du sceau de la Fa-

---

(*a*) *Si per duos menses legerit in scolis Doctoris actu Regentis, ibidem usque in finem anni tenetur continuare lectiones suas.* Artic. 2 Statut. tang. Baccalarios legentes; in veteri lib. Facult.

(*b*) Ibidem artic. 3.

(*c*) Ibidem artic. 10.

culté, & la remettre au Bedeau chargé de la proclamation des cédules.

Chaque année commençoit pour les Leçons des Bacheliers (*a*), au second jour non empêché après la Fête de S. Denis, & alors on renouvelloit la proclamation de leurs cédules : les Leçons des Docteurs ne recommençoient qu'après la Fête de Toussaints, *post Festum omnium Sanctorum.*

De même les vacances des Bacheliers ne commençoient qu'à la S. Michel (*b*), quoique l'année finit alors pour les Leçons des Docteurs dès la Fête de S. Pierre (*c*). Cependant pour que les Exercices scholastiques ne fussent pas interrompus pendant un aussi

---

(*a*) *Omnes Baccalarii legere volentes .... quolibet anno teneantur lecturam suam incipere in secundâ die legibili post Festum B. Dionysii*, ibid. artic. 11.

(*b*) *Incipiet primâ die legibili post Festum B. Dionysii & continuabit usque ad subsequens Festum B. Michaelis*, Artic. 10. Statut. concern. legentes de manè.

(*c*) *Vacationes incipiunt à Festo Apostolorum Petri & Pauli.* In veteri Calendario Facultatis.

long-temps, la Faculté nommoit des Docteurs qui étoient tenus de faire des Leçons sur le décret depuis la Fête de l'Exaltation de Sainte Croix en Septembre, jusqu'à la Fête de Toussaints, ce qui s'appelloit *legere in parvo ordinario*, lire au petit ordinaire; le grand ordinaire étoit le temps où les Leçons de la Faculté étoient complettes, ordinairement on choisissoit deux Docteurs Régens de la Faculté pour lire au petit ordinaire.

Et pour que la Faculté fut pleinement instruite de la maniere dont les Bacheliers faisoient leurs Leçons, tous les ans, après l'ouverture de leurs Leçons, la Faculté en Corps, c'est-à-dire, le Doyen & la plus grande partie des Docteurs Régens, se transportoient à une Leçon de chaque Bachelier, pour entendre le Bachelier & juger de quelle maniere il s'acquittoit de ses fonctions; si les Docteurs n'avoient pas été contens, le Bachelier étoit mandé à l'Assemblée suivante, on lui donnoit les avis convenables, & le Bachelier étoit tenu de les recevoir en toute humilité & de promettre de s'y conformer à l'avenir. Si dans le reſte de l'année le Bachelier étoit ſoupçonné de pareſſe ou de négligence, la Faculté faiſoit faire une information ſérieuſe, & la peine de la négligence prouvée étoit la perte de l'année [a].

Indépendamment de ſes Leçons le Bachelier liſant étoit tenu chaque année de ſon Cours de faire un Propos, c'eſt-à-dire, comme nous avons vu ci-deſſus, de mettre une queſtion à la diſpute, & de la ſoutenir vis-à-vis de tous les Bacheliers de ſon Cours [b]. Il paroît que le ſujet de cette Theſe étoit aſſigné par le Doyen, & que tous les Bacheliers étoient obligés non-ſeulement d'argumenter, mais encore de répondre ſur le ſujet de la Theſe; aucun ne pouvoit ſuggérer à ſon Confrere ni argument, ni réponſe, ni le troubler dans celles qu'il donnoit, & ce, ſous peine d'être réputé parjure,

---

[a] Artic. 11. 14. Statut. concern. Bacc. legentes in lib. Facult. artic. 2°. Juram. quæ debent præſtare admiſſi ad grad. Baccal. in eodem libro.

[b] Artic. 10. Statut. an. 1250. artic. 15. Statut. concern. legentes de manè; in lib. Facult.

& en cette qualité exclus du Cours. On ne voit pas qu'il y eut de Président particulier à ces Theses annuelles, du moins il n'en est pas parlé dans les Statuts : il n'y a que la derniere These du Cours, pour laquelle les Statuts exigent particulierement un Président [a].

Au reste il y avoit parmi les Bacheliers de chaque Cours certaines places honorables, qu'on ne donnoit qu'à ceux-là seuls qui avoient montré plus de talent & d'application. Ces places étoient celles de Lisans du matin, *legentes de manè*, ces Bacheliers avoient des privilèges, ils précédoient les autres aux Processions de l'Université, aux Messes de la Faculté & autres cérémonies ; de plus ces places n'étoient pas inutiles, les Lisans du matin percevoient quelque droit pecuniaire de leurs Ecoliers. Ordinairement les places de Lisans du matin étoient mises à la dispute entre les Bacheliers, on leur faisoit faire un

---

[a] Artic. 25. Statut. Jurament. quæ debent præstare admissi ad grad. Baccal.

certain nombre de Leçons publiques, on mettoit une Théſe à la diſpute commune, celui ou ceux qui s'étoient le plus diſtingués dans ces exercices étoient nommés aux places de Liſans; auſſi ces places avoient-elles leur conſidération; en l'année 1480, Denys Halligret, premier Liſant du matin [a], étoit auſſi Recteur de l'Univerſité: cette même place fut en 1488 donnée à Jean Seguier. Les diſputes pour les places de Liſant paroiſſent avoir été la premiere origine des diſputes qui ont été établies par la ſuite

[a] *Decanus poſuit in medium ſi in die veſperiarum* [M. Dionyſius Alligret] *primus Legens qui tunc Rector erat Univerſitatis, argueret contra Baccal. reſpondentem de expectativâ, cum primus Legens teneatur in omni actu prius arguere poſt Doctorem Preſidentem. Determinat. per Facultatem quod non arguet, eo quod primus Legens ſemper arguit tanquam Baccalar. & habet ſedem propriam: Rector vero Univerſitatis ſedet in alio loco, nec habetur pro Baccalario vel ſuppoſito Facultatis aut membro Univerſitatis, ſed pro capite.* Ex Regeſtis Conſultiſſimæ Facultatis, die Jovis octavo Junii anni 1480, Ambroſio de Cambray Decano.

pour les places de Professeurs dans la Faculté.

Ce que nous avons rapporté jusqu'ici du Cours de Licence en la Faculté de Droit, fait voir quelle en étoit la longueur, les Statuts au sujet des Lisans du matin, expriment la durée de cinq années (*a*) ; ce temps fut abrégé par la suite, & réduit à celui de quarante, ou tout au moins de trente-six mois en quatre ou cinq ans en faveur de ceux qui se présenteroient dans la forme des Canonistes (*b*). Et même de vingt-quatre mois en trois ans en faveur de ceux qui se présenteroient au Cours dans la forme des Legistes. On peut remarquer cette faveur faite à ceux qui se présentent dans la forme des Legistes, le but du Statut est de recommander l'Etude du Droit Civil, Etude si nécessaire à ceux qui veulent véritablement approfondir

---

[*a*] Artic. 4.

[*b*] Artic. 1. & 2. Statut. concern. scholares & maxime Baccalar. volumina & eorum lecturas, ubi & refertur Statutum Domini Alani Cardinalis.

le Droit Canon. Un ancien Statut de la Faculté défendoit de donner le Doctorat en décret, si ce n'est à ceux qui auroient étudié au moins trois ans en Droit Civil, & qui en rapporteroient les attestations [a]; une Bulle du Pape Innocent VI, dattée

---

[a] *Innocentius Episcopus, Servus Servorum Dei, dilectis Filiis, Cancellario Ecclesiæ & Universitatis studii Paris. salutem & Apostolicam Benedictonem.*

Vestræ sinceræ devotionis affectus quem ad nos & ad Romanam geritis Ecclesiam, nos inducit ut iis quæ à nobis suppliciter postulastis quantum cum Deo possumus favorabiliter annuamus. Exhibita si quidem nobis pro parte vestrâ petitio continebat, quod in quodam statuto Universitatis Parisiensis studii, juramento firmato expresse cavetur, UT NULLUS IN STUDIO IPSO AD OBTINENDUM IN FACULTATE DECRETORUM DOCTORATUS HONOREM ILLUM INIBI OBTINERE POSSIT, NEC ADMITTATUR AD ILLUM, NISI PRIUS LEGES IPSAS AUDIVERIT PER TRES ANNOS; QUANQUAM ALIAS AD ID SUFFICIENS ET IDONEUS EXISTERET TUNC REPERTUS. *Quare pro parte vestra nobis extitit humiliter supplicatum ut providere super hoc de bénignitate apostolicâ dignaremur.*

Nos igitur vestris in hac parte supplicatioinbus inclinati volumus & apostolicâ autoritate

d'Avignon du 16 des Kalendes de Février de l'an sixiéme de son Pontificat, c'est-à-dire, du 17 Janvier de l'année 1358, & adressée au Chancelier de l'Eglise & à l'Université de Paris, a dispensé les réguliers de l'observation de ce Statut & permis de conférer le degré de Docteur en Droit Canon, à tous ceux qui n'auroient pu étudier en Droit Civil, parce que le Droit leur auroit interdit cette Etude, ce qui détermine cette Bulle aux seuls réguliers, les Réguliers sont seuls exclus par le Droit Canon de l'Etude des Loix Civiles.

---

presentium tenore decrevimus, ut studentes pro tempore in dicto studio in Facultate predicta qui JURE PROHIBENTE *leges ipsas audire nequiverint, ut prefertur, valeant obtinere inibi in dicta Facultate hujusmodi Doctoratus honorem, dummodo alias ad id servatis solemnitatibus & aliis in talibus fieri consuetis, sufficientes & idonei reperti fuerint, Statuto & juramento predictis nequaquam obstantibus, & ad illam liberè de cetero admittantur.*

Nulli ergo hominum liceat hanc paginam nostræ voluntatis & constitutionis infringere vel ei ausu temerario contraire si quis aliter, &c. Datum Avinione xvi. Kal. Februar. Pontificatus nostri anno sexto. In lib. Facultatis,

Cependant l'Examen de Licence s'ouvroit tous les deux ans, l'année auquel il s'ouvroit s'appelloit *annus Jubilæus* (a). Après la fête de Noël les Docteurs assemblés ordonnoient qu'il seroit fait par le grand Bedeau une proclamation solemnelle dans les Ecoles, par laquelle les Bacheliers qui croiroient être dans le cas d'obtenir la Licence seroient avertis de comparoitre par-devant la Faculté à la premiere Messe Doctorale qui suivroit la proclamation, c'est-à-dire au Jeudi suivant dans le lieu où étoit célébrée cette Messe, c'est-à dire dans la Chapelle de la Vierge en l'Eglise de Saint Jean de

---

[a] *Adveniente anno Jubilæo quo debent Licentiari Baccalarii in decretis, videlicet de biennio in biennium, illo anno post Nativitatem Domini, dum & quando videbitur Decano & Doctoribus Regentibus proclamatione publicè in Scholis per bedellum factâ vel vocatis singulis Baccalariis qui sunt vel credunt esse in formâ Licentiæ obtinendæ ut compareant in proximâ Missâ Doctorum proclamationem vel vocationem sequente in præsentiâ Decani & Collegii, apud locum ubi Missâ Doctorum consuerit celebrari.* Statut. tang. formam Examinis, Art. 1, in lib. Facult.

Latran, où étoient célébrés, & sont encore célébrés les Offices de la Faculté. Cette Chapelle est par cette raison, appellée dans les anciens Statuts, la Chapelle de la Faculté, *apud Sanctum Joannem Hierosolymitanum in Capellâ Facultatis.*

Cet Examen n'etoit que pour ceux des Bacheliers qui avoient accompli le tems & le nombre de volumes de leur lecture. Les autres Bacheliers continuoient le Cours, & comme il arrivoit que les Bacheliers de différentes Licences devoient par cette raison se trouver ensemble aux exercices de la Faculté, pour éviter la confusion, le rang de chaque Bachelier étoit marqué par un Statut particulier *(a)*; ceux qui avoient le premier rang étoient les lisans du matin, chaque Bachelier devoit marcher ensuite dans l'ordre de la

---

(*a*) *Baccalarii de manè legentes precedent alios in sedibus, processionibus, oblationibus & pacis osculis. Alii verò Baccalarii incedent in premissis secundum antiquitatem primi & posteriores, prout quisque junior vel antiquior in lectura Juris Canonici fuerit.* Stat. tang. Bacc. legentes, art. 1.

date u tems où il avoit commencé ſa lecture.

Les Bacheliers qui vouloient ſe préſenter à l'Examen étoient obligés de mettre par écrit & de préſenter à tous les Docteurs chez eux une cédule qui contînt le tems de leur étude en Droit Canonique, le tems de leur étude en Droit Civil, celui de leur lecture en Droit Canonique, & celui de leur lecture en Droit Civil *(a)*. Ceux qui avoient manqué d'aſſiduité aux Meſſes & aux exercices de la Faculté, étoient avant tout obligés de ſatisfaire aux amandes qu'ils avoient encourues, chaque défaut d'aſſiduité, aux actes, aux Meſſes de la Faculté, aux proceſſions de l'Univerſité, étoit puni d'une amende de quatre ſols Pariſis *(b)*, applicable aux uſages

---

(*a*) *Injungatur cuilibet Baccalario quod in ſcriptis ponat tempus auditionis Decretalium, Decreti, & tempus lecturæ Decretalium quot quantum & quem vel quos libros Decretalium legerit, & ſub quo Doctore vel in quibus Scholis. Idem de auditione & lecturâ Juris Civilis.* Juram. volent. intrare Examen magnarum cedularum, art. 2 & 3.

(*b*) *Idem in pœna debitâ per Baccalarios qui in Miſſis, Statutis, Repetitionibus, principiis, no-*

de la Chapelle de la Faculté. On faisoit prêter serment aux Bacheliers (*a*), que l'exposé de leur cédule contenoit vérité, on le vérifioit avec le plus grand soin dans l'Assemblée, & c'est pour cela que cet Examen est appellé dans les Statuts, *Examen magnarum cedularum*.

L'Examen devoit commencer au plus tard le lendemain du Dimanche *Oculi* (*b*), c'est-à-dire le Lundi après le troisiéme Dimanche de Carême. Quelques jours auparavant le Doyen

---

vorum Doctorum & lecturis solemnium Decretalium defecerunt, erit observandum, ut primitùs satisfaciant quibus erit satisfaciendum.... Alias non recipiantur ad Examen nec Cancellario Parisi præsententur Juram. volent. intrare Ex. mag. cedul. ubi & Juram. Exam. articulo 8. in lib. Facultatis.

Sub pœna quatuor solidorum Parisiensium *pro quolibet defectu ad usus Capellanorum Missas pro Facultate celebrantium convertendorum.* Jur. quæ debent præstare admiss. ad grad. Baccal. in lib. Fac. art. 12.

(*a*) *Juramenta volentium intrare Examen magnarum cedularum.* art. 6. in lib. Fac.

(*b*) *De biennio in biennium adveniente anno Jubilæo aperiatur semper Examen tardiùs Feriâ secundâ, immediatè post* OCULI MEI. Stat. tang. formam Exam. art. 3.

faiſoit choix en préſence de la Faculté d'un exemplaire particulier du Texte du Décret, pour que les Bacheliers fuſſent examinés ſur cet exemplaire, & non ſur un autre, il en donnoit connoiſſance aux Bacheliers de vive voix, il lui étoit défendu de la faire par écrit; le Texte étoit enſuite gardé dans la Chambre de la Faculté, pour être mis ſur le bureau au jour de l'Examen.

L'Examen ſe faiſoit dans la Salle de la Faculté, qui eſt appellée par cette raiſon dans les Statuts & dans les Regiſtres *Camera Examinis*, *Schola Examinis*, & qui a conſervé juſqu'à ce jour aux Ecoles de Droit de Paris le nom de Salle des Examens, d'autant mieux qu'on y ſoutient encore la plûpart des Examens. Tous les Docteurs étoient préſens à l'Examen; on enjoignoit en vertu de leur ſerment (*a*), à tous les Docteurs & Bacheliers de garder le ſecret au ſujet de tout ce qui pourroit y être dit; il n'y avoit

(a) *Juramenta Cameræ Examinis Licentiendam.* art. 1. in lib. Facultatis.

point d'Examinateurs particuliers ; le Doyen avoit le choix de ceux qu'il vouloit interroger (*a*), il pouvoit ordonner de faire l'espéce d'un Texte à un Bachelier ou à plusieurs, il pouvoit argumenter contre celui ou ceux qu'il jugeoit à propos de choisir, & de même les Docteurs chacun selon son rang.

L'Examen duroit huit jours entiers au moins, le matin & de relevée ; la Faculté pouvoit même en allonger la durée (*b*), ce qu'elle a fait quelque

---

[*a*] *Decani arbitrio relinquitur quibus Baccalariis casus positionem & summationem ac lecturam Glossarum uni vel pluribus imponat. Item ratione officii sui debet arguere contra quos & quot de Baccalariis voluerit.* Statut. concernent. Decanum circa Examen Licentiæ, art. 3 & 4. in lib. Facult. junge, art. 12. Stat. tangent. Decanum & ejus Electionem in eodem libro.

[*b*] *Die Lunæ post invocavit* 13. *mensis Martii* (Id est die Lunæ post Dominicam primam in quadragesimâ qui dies erat 13. Martii anni 1423.) *Fuit apertum Examen in venerabili. Fac. Decretorum. . . . Die Veneris* 24 *Martii fuit clausum Examen dicta Facultatis in quo Examine fuerunt omnes admissi, aliqui tamen sub certis conditionibus eis ipsâ die per Dominos Doctores . . . . dictis & declaratis.* Regest. Facultatis sub Decanatu Guillelmi de Albarippâ an. 1423.

fois lorsque la durée ordinaire lui a paru ne pas suffire pour faire connoître la capacité des Candidats.

Le dernier jour on fermoit l'Examen, & c'est ce que les Registres appellent, *Clausura Examinis, dies Examinis conclusi* (a). Le même jour on alloit aux voix, & les Bacheliers étoient admis à se présenter à la bénédiction de Licence ou refusés à la pluralité des suffrages qui devoient toujours être donnés par scrutin; on pouvoit cependant remettre le scrutin au lendemain de la clôture, si le nombre des Bacheliers ne permettoit pas qu'on finît le scrutin le même jour; mais il ne pouvoit jamais être remis plus tard.

Les Bacheliers admis à l'Examen étoient convoqués un jour certain pour prêter les sermens. Cela fait, les Bacheliers retirés & en présence de tous les Docteurs, on discutoit le mérite de chacun en particulier, & à la pluralité des avis on jugeoit les places que chacun devoit avoir dans le rôle qui

---

(a) *Forma procedendi post Examen Licentiæ* art. 1. in lib. Fac.

devoit être présenté au Chancelier de l'Université ; cette discussion & ce jugement se faisoit avec le plus grand soin, on ne devoit avoir égard qu'au seul mérite, la dignité des Bacheliers, leur noblesse & même la place de Lisant du matin ne devoient entrer en aucune considération, les Statuts le recommandent en termes formels (*a*). Aussi la première place donnoit-elle la plus grande considération ; en 1440. M. Jacques Juvenal des Ursins, Avocat Général du Roi au Parlement, Bachelier de la Faculté de Paris, & Licentié de celle d'Avignon, eut le premier lieu de sa Licence ; il est à remarquer que ce Magistrat n'avoit pas crû descendre de son rang en se soumettant aux exercices du Cours Académique, quoiqu'il fût déjà Avocat Général. En 1476. Côme Guimier, depuis Président aux Enquêtes & Auteur

(*a*) *Item in assignationibus locorum erit gradatim præferendus qui sufficientior in Examine & actibus Scholasticis fuerit repertus, dignitate, nobilitate, vel lecturâ matutinali non obstantibus.* Forma proced. post Exam. Licent. art. 4. in lib. Facult.

de la Glose de la Pragmatique-Sanction, eut aussi la premiére place des Bacheliers qui devoient être présentés au Chancelier (*a*). De même les derniéres places du Cours étoient en quelque maniere ignominieuses ; nous apprenons des Registres du Parlement, que le 10 Juin 1452. un Conseiller se plaignit à la Cour, que quoiqu'il se fût distingué & eût été envoyé par le Roi en plusieurs Ambassades, néanmoins en haine de ce qu'il s'étoit mêlé de la derniére réformation nagueres faite en l'Université, de l'autorité du Pape & du Roi, (c'est la réforme du Cardinal d'Estouteville), on lui vouloit

(*a*) René d'Illiers, alors Recteur de l'Université eut aussi cette place sous le Décanat de M. de la Vacquerie, en l'année 1481. le 24 Mars. M. de la Vacquerie remarque que dans l'acte de la Bénédiction dans la Salle de l'Evêché, le Recteur étoit revêtu de l'habit Rectoral, & précédé de tous les Bedeaux de la Faculté des Arts, tenant leurs masses dorées & argentées. Ce fut lui qui se chargea de remercier la Faculté au nom de tous ses Confrères, & sur le champ, dans la Salle même de l'Evêché, il supplia pour le Doctorat. *Regestum D. de Vaccariâ Decani*, *an.* 1481.

aſſigner le dernier lieu pour paſſer Docteur de la Faculté de Decret.

Le Rôle qui contenoit l'ordre dans lequel les Bacheliers devoient recevoir la bénédiction de Licence, étoit fait double (*a*), chaque exemplaire étoit cacheté & ſcellé du ſceau du Doyen & de l'ancien Docteur Régent de la Faculté. Quelques jous avant celui qui devoit être choiſi pour la bénédiction, le Doyen accompagné de deux Docteurs portoit au Chancelier les deux exemplaires du Rôle, le Chancelier appoſoit auſſi ſon cachet aux deux Rôles déjà cachetés, il en retenoit un, l'autre reſtoit entre les mains du Doyen, ils devoient être ouverts enſemble par le Chancelier & le Doyen le jour de la Licence, & vérifiés l'un ſur l'autre.

Je penſe que ce qui ſe trouve appellé du nom de *Signetum*, dans les Regiſtres de la Faculté, & qui de même dans les Regiſtres du Parlement ſe trouve déſigné par le nom de *Signet*, doit ici trouver ſa place; les Statuts,

[*a*] *Forma procedendi poſt Examen Licentiæ*, art. 2. in lib. Facult.

les

les Regiſtres de la Faculté, & ceux même du Parlement parlent du Signet ſans exprimer ce qu'on doit entendre par ce terme; d'après ce que l'on trouve dans d'autres Auteurs & principalement dans Robert Goulet (*a*), il y a lieu de croire que c'étoit un acte ſolemnel fait par les Bacheliers admis à prendre la Licence, la veille du jour auquel ils devoient recevoir la bénédiction du Chancelier, que le fond de cet acte conſiſtoit dans un diſcours prononcé par un Bachelier qui ſe portoit comme délégué du Chancelier lui-même, & qui dans ſon diſcours faiſoit l'éloge de la Science & de la Faculté dans laquelle ils devoient être Licentiés, en y joignant des avertiſſemens aux futurs Licentiés touchant les obligations que leur état leur impoſoit. Quoiqu'il en ſoit l'acte ſe faiſoit dans la Faculté de Décret avec la plus grande ſolemnité, le Parlement y étoit invité & s'y trouvoit; les Regiſtres du Parlement marquent que le

(*a*) Conſuet. Univerſit. Pariſ. fol. 15.

21 Juin 1418. il n'y eut point d'audience pour que la Cour pût aller aux Écoles de Décret, assister au Signet des Licentiandes. Le 28 Juin 1426. l'audience leva entre neuf & dix, ainsi que le 21 Juin 1428. *Ce jour*, disent les Registres du Parlement, *l'Audience cessa à neuf heures pour aller aux Écoles de Décret ; le Duc de Bethford y fut aussi :* Le Duc de Bethford étoit alors Régent du Royaume pour le Roi d'Angleterre qui se prétendoit Roi de France. Les Registres de la même Cour font encore mention de l'invitation que firent à la Cour les Licentiandes en Décret le 19 Mars 1503, de se trouver à leurs Signets, & au diner. On trouve la même chose dans les mêmes Registres au 10 Avril 1513.

Le jour de la Licence la Faculté s'assembloit à Saint Jean de Latran, tous les Docteurs s'y trouvoient, ainsi que tous les Bacheliers, non-seulement ceux qui devoient recevoir la Licence, mais encore tous ceux qui avoient commencé & qui continuoient le Cours ; ceux qui devoient recevoir la Licence y invitoient auſſi leurs amis (*a*). On alloit enſuite proceſſionnellement de Saint Jean de Latran à la Chapelle de l'Evêque de Paris, les Bedeaux de la Faculté précédoient, les Bedeaux particuliers de chaque Docteur marchoient enſuite : les Bacheliers de la Faculté qui n'étoient pas encore dans le cas d'aſpirer à la Licence, tenoient la premiére place, ſuivoient ceux qui alloient recevoir la bénédiction, la marche étoit fermée par les Docteurs Régens préſidés par le Doyen. Arrivés à la Chapelle de l'Evêché, le Doyen accompagné de deux Docteurs alloit prendre le Chancelier chez lui. Le Chancelier étant arrivé le Doyen lui préſentoit les Bacheliers, par un Diſcours qu'il lui adreſſoit & auquel le Chancelier répondoit par un autre ; on ouvroit & collationnoit enſemble les deux exemplaires du Rôle ; le premier Bedeau en faiſoit la publication, enſuite les Bacheliers recevoient la bénédiction qui leur confé-

[*a*] Regeſt. Ambroſ. de Cambray, Decani, anno 1476, & anno 1477.

roit la Licence. Les Docteurs faisoient ensuite entr'eux la distribution ou l'adoption des nouveaux Licentiés pour le bonnet de Docteur, les plus anciens avoient le choix (*a*),

Si quelqu'un des Licentiés vouloit prendre le bonnet de Docteur, il pouvoit supplier pour ce dégré dans la Salle même où l'on venoit de donner la Licence, il pouvoit remettre la chose au Jeudi suivant, & il étoit tenu de réitérer sa supplique à deux Assemblées. On commençoit par faire prêter au Suppliant les sermens ordinaires; ensuite on lui assignoit les jours pour les actes de son Doctorat. Il y en avoit deux en ce tems : celui qui étoit qualifié de Vespéries, & celui qui étoit appellé la Fête; cet acte étoit suivi de la cérémonie de la birretation, c'est-à-dire de l'imposition du bonnet; les Vespéries devoient toujours se faire les Samedis, & la Fête devoit être le Mardi suivant (*b*).

(*a*) Stat. tangent. distributionem admiss. ad Licentiam, art. 1 & 2.

(*b*) *Juramenta præstanda per illos qui ad*

Ces actes sont assez exactement décrits dans les Registres de la Faculté, assez ordinairement les Doyens en ont fait Registre (*a*). Le jour des Vespéries étoit indiqué par le Docteur qui avoit adopté le Bachelier immédiatement après la Licence. Nous avons déjà dit que les Docteurs distribuoient entr'eux & adoptoient les Bacheliers pour leur conférer le bonnet de Docteur. Le Président en même tems qu'il indiquoit le jour, faisoit aussi le choix d'une question qui devoit être proposée par lui dans les Ecoles le jour des Vespéries & nommoit un Bachelier pour répondre sur cette question, qui est appellée dans les Registres, *Expectatoria* & *Expectativa*. Le Bachelier chargé de répondre étoit tenu de com-

---

Doctoratum recipiuntur, in lib. Facultatis. Il y a trente articles concernant le Doctorat.

Item Statuta circa formam incipiendi in Decretis pro gradu Doctoratûs adipiscendo, in eodem libro Il y a six articles.

[*a*] *Regist. Ambrosii de Cambray, an.* 1480. *Regist. Stephani de Veterivillâ, Decani, an.* 1492. *Regist. Nicolai Dorigny, Decani, an.* 1506.

muniquer au Doyen la queſtion qui lui étoit propoſée (*a*), les concluſions qu'il établiſſoit ſur cette queſtion, & tout ce qu'il croyoit y avoir rapport, *correlativa omnia*, afin d'éviter tout concours de matieres entre lui & celui qui devoit recevoir le bonnet. Celui-ci devoit auſſi pour la même raiſon donner connoiſſance au Doyen de la queſtion qui devoit lui être propoſée par le Préſident.

Les choſes ainſi diſpoſées le jour de la Veſpérie, les Docteurs de la Faculté s'aſſembloient, ſoit dans la Salle de l'Examen, ſoit dans la Chapelle de Saint Jean de Latran, (les Regiſtres portent l'un & l'autre.) De-là à ſept heures préciſes du matin, diſent les Regiſtres, les Statuts ne preſcrivent que huit heures en Été & neuf heures en Hyver, *in æſtate hora octavâ modicum tardius, in hyeme horâ nonâ* (*b*). Les Docteurs revêtus de leurs Robes

[*a*] *Statuta circa formam incipiendi in decretis*, art. 1 & 2. in lib. Facult.

(*b*) *Juramenta præſtanda per illos qui ad Doctorat. recipium*? art. 29. in lib. Facult.

de cérémonies & précédés des Bedeaux de chaque Docteur & de ceux de la Faculté, ensuite de celui qui devoit recevoir le bonnet, & marchants deux à deux se rendoient dans la grande Salle Doctorale de l'Ecole de Droit.

Le Président montoit en chaire & proposoit sa question au Bachelier désigné dans l'Assemblée précédente; le Bachelier répondoit, tous les Bacheliers qui étoient en Cours de Faculté lui proposoient des argumens, & il étoit obligé de satisfaire à tous. Après que la dispute étoit finie le Président proposoit une question au Récipiendaire, celui-ci la traitoit *pro & contra*, par maniere de dissertation: aussi-tôt après qu'il avoit cessé de parler le Président lui mettoit entre les mains le Livre du Decret de Gratien, & procédoit ensuite *ad Vesperias tam serias quam Jocosas*, ce sont les termes des Registres dans toutes les promotions au Doctorat qui y sont décrites.

Il y a apparence que c'étoit un Discours qui d'abord étoit sérieux, par exemple sur les devoirs & les obligations du Doctorat; sur la fin duquel le Président égayoit la matiere par quelques badineries.

Le Président faisoit ensuite choix d'une autre question, qui devoit être présentée le Lundi suivant aux Docteurs de la Faculté & traitée par eux seuls.

Le Docteur Régent le dernier reçu étoit obligé de répondre sur cette question le Mardi, jour de la fête Doctorale, c'est-à-dire de la délivrance du bonnet ; cette question devoit être une question douteuse, & susceptible d'être traitée des deux côtés. *Unam questionem in utramque partem dubiam.* Ce sont les termes des Registres.

Le jour de la Fête, c'est-à-dire le Mardi d'après les Vespéries la Faculté s'assembloit dès huit heures du matin dans la Salle de l'Examen ; sur les sept heures la Faculté dans le même ordre que nous avons décrit ci-dessus, descendoit dans la grande Salle avec le Récipiendaire, revêtu de la Robe Doctorale. Le Président montoit dans la grande Chaire, le Docteur Régent le dernier reçu, revêtu de sa Robe rouge montoit dans la petite Chaire, le Récipiendaire étoit en bas dans une place marquée. Le Mardi, 9 Février 1506. M. Dorigny, Président aux Enquêtes du Parlement de Paris, alors Doyen de la Faculté, en qualité de dernier Docteur Régent, fit la fonction de Docteur Répondant à l'acte de Docteur de MM. Mathieu Chartier (*a*), Robert Dugast, Jean Nicolai, & Jean Dupleys Conseiller au Parlement, & autres au nombre de huit qui furent reçus le même jour: M. Dorigny rapporte dans son Registre que M. de Conty, Président de l'acte, proposa la question, *utrum duellum esset permissum*; que ce Docteur, malgré son âge de quatre-vingt-trois ans, traita la question très-doctement *in utramque partem*, que lui Dorigny répondit en traitant la question selon ses forces, & tâchant de satisfaire aux argumens de de Conty.

Lorsque le Docteur dernier Régent avoit cessé de parler, le Président commençoit la cérémonie, qui

---

(*a*) *N. B.* C'est Mathieu Chartier, Historiographe de France, Docteur Régent de la Faculté de Decret, & l'un des plus fameux Avocats du seiziéme siécle.

consistoit dans un discours de sa part, l'imposition du bonnet, le baiser de paix, & la tradition des livres; il faisoit ensuite asseoir le nouveau Docteur dans la grande Chaire, & la cérémonie finissoit par un discours (*a*) de remerciment que le nouveau Docteur faisoit à la Faculté & à ceux qui avoient assisté à ses actes.

Les exercices que nous venons de décrire étoient ceux qui conduisoient dans les siécles passés un Candidat du commencement à la fin de son étude de Droit, du premier dégré au dernier.

[*a*] *In Dei nomine. Profundus & Eximius Doctor Joannes Monachi, aliàs Cardinalis, in exordio suæ lecturæ super sexto Decretalium ponit prædicta verba & quod natus fuit de Diæcesi Ambianensi; & ego de civitate: idcirco prædicta verba recepi per divini nominis invocationem & verba Domini mei ac Magistri qui in simili actu nos præcessit, &c.* Oratio Steph. de Conty cum Doctoratum reciperet anno 1374. Manuscrit de Saint Germain des Prés, il s'agit dans ces paroles de Jean le Moine, Docteur Régent en la Faculté de Décret au commencement du quatorziéme siécle; c'est lui qui a fait la Glose du Texte, il a été depuis Cardinal, & a fondé dans l'Université de Paris le Collége de son nom.

Doit-on s'étonner que la plûpart des Docteurs Régens de la Faculté remplissent alors la plûpart des Charges de la première Magistrature. Des hommes qui avoient passé par des épreuves aussi longues, aussi sérieuses, aussi répétées, devoient être certainement très-instruits dans la science de la Justice.

On ne connoissoit alors dans les sciences ni la méthode, ni la critique; l'érudition étoit grossiere, & chargée d'une multitude de choses, sans choix & sans goût ; mais on étudioit beaucoup, & l'étude presque continuelle & toujours suivie, élevoit l'ame aux plus grands objets, & rendoit les hommes capables des plus grandes affaires. Aujourd'hui les secours sont multipliés à l'excès dans tous les genres de science, jamais il n'a été aussi facile d'être sçavant. On n'étudie point, l'ame ne s'éléve pas, & les affaires effrayent, parce qu'on est véritablement incapable de les soutenir.

Plan nouveau d'une Licence en regle, dans la Faculté de Droit de Paris.

NOus ne propoſons point ici de remettre les choſes ſur l'ancien pied; la molleſſe des mœurs du ſiécle où nous vivons, le peu de goût de la plûpart des jeunes gens, pour le travail, & le déſir preſque général des parens de voir leurs enfans en place dans un âge où à peine ils commençoient leurs études, ne nous permet pas de propoſer un long Cours de fréquentation des Ecoles, un Cours preſque auſſi long d'exercices multipliés, ni des épreuves auſſi ſérieuſes que celles que nous venons de décrire.

Nous nous bornerons à propoſer de rétablir un Cours de Licence dans la Faculté de Droit de Paris, pour ceux qui voudront entrer dans la Magiſtrature du Parlement; être inſcrit ſur le Tableau des Avocats fréquentans le Palais, être reçus Docteurs en cette Faculté. On ne peut nier que tous ceux qui se destinent à l'une de ces trois Professions ne soient dans le cas de s'instruire particuliérement de la science des Loix & d'y travailler plus sérieusemement que ceux de leurs Condisciples qui se destinent à tout autre état.

Il seroit donc à propos qu'ils passassent à ce sujet par des épreuves plus suivies. Leur émulation ranimeroit peut-être celle des autres Etudians, peut-être même exciteroit-elle en eux le désir de subir les mêmes épreuves.

Nous nous servirons cependant du modéle que l'ancienne Faculté de Droit de Paris nous présente : & nous tâcherons d'adapter au tems présent, quelque partie, de ce que nous avons ci-dessus mis sous les yeux.

En premier lieu, le tems d'étude restera tel que nous l'avons décrit ci-dessus dans notre Plan général, trois années d'étude, deux Professeurs par chaque année, un Examen à la fin de la premiere année, un Examen au commencement de la seconde, la These pour le Baccalaureat dans un tems quelconque après les deux premiers Examens.

Après la clôture de la ſeconde année dans le tems que nous avons marqué pour l'Examen de cette année, le Bachelier ſeroit tenu de déclarer à la Faculté qu'il entend ſe mettre au Cours qui ſera ouvert dans la troiſiéme année de ſon étude ; en ce cas l'Examen que nous avons marqué pour le premier Examen de Licence, ſeroit pour lui le premier Examen néceſſaire pour être admis au Cours.

Le Bachelier admis à ce premier Examen ſeroit reçus à ſoutenir le ſecond dans le courant du mois de Mars, au moins avant le quinze Avril de cette année; cet Examen l'admettroit à entrer au cours de Licence qui ſeroit toujours ouvert entre le ſeize & le trente Avril de cette même année.

Il s'inſcriroit en conſéquence ſur un Regiſtre particulier tenu par le Doyen de la Faculté, & qui ſeroit appellé le Regiſtre des Bacheliers courans la Licence au grand ordinaire ; chaque Licence auroit ſon Regiſtre propre.

Les premiers actes du Cours de Licence, consisteroient dans un certain nombre de répétitions publiques que les Bacheliers du Cours seroient tenus de faire dans les Ecoles, avec apparat ; on assigneroit à chacun une Loi du Code sur laquelle il seroit tenu de faire deux répétitions dans la quinzaine ; ensuite un Capitule des Décretales sur lequel il seroit tenu de faire dans le même terme un pareil nombre de répétitions.

Du moment de la distribution faite aux Bacheliers de la matiere de leur premiere répétition, ils seroient censés avoir commencé le Cours dans lequel ils auroient rang entr'eux du jour de la date de leurs Lettres de Bachelier ; de cet instant ils seroient tenus d'assister aux Theses & d'y disputer dans le tour qui leur seroit marqué ; de même ils seroient obligés d'assister à tous les actes publics de la Faculté, Discours, Harangues, Doctorandes, & même aux actes religieux, tels que les Processions de l'Université, les Messes de la Faculté, & ce, sous peine d'un amende reglée, applicable, suivant les anciens Statuts, à la Chapelle de la Faculté.

Au mois de Juin de cette même année ils soutiendroient une These qui seroit appellée la premiere du Grand Ordinaire : cette These seroit en entier sur le Droit Canonique, & rouleroit sur quelqu'une des matiéres qui concernent l'Autorité, Jurisdiction & Gouvernement de l'Église (*a*); ils seroient tous à cette These obligés de soutenir la Doctrine des quatre Articles dressés par le Clergé de France en 1682. Cette These seroit présidée par un Docteur Régent ou Aggrégé, les Docteurs Aggrégés y auroient droit de suffrage en pareil nombre à celui des Professeurs; & à l'exception du Président, les seuls Bacheliers du Cours disputeroient à cette These.

(*a*) Vg: *De Constitutionibus. De Electione. De Supplendâ negligentiâ Prælatorum. De Officio & potestate judicis delegati. De Officio Legati. De Officio Judicis ordinarii. De Majoritate & obedientiâ.* De *Judiciis. De Foro competenti. De Appellationibus.* De *Privilegiis.*

Ils termineroient cette année par l'Examen public sur le Droit François, qu'ils soutiendroient en la maniere accoutumée; & ce seroit la fin de leur troisiéme année d'étude, & la moitié de la premiére année du Cours de Licence.

L'année suivante ils ne seroient plus tenus de fréquenter les Leçons des Professeurs, leurs trois années du Cours d'Etude seroient finies. Au lieu de Leçons ils seroient tenus de fréquenter assidûment les grandes Audiences de la Grand'Chambre du Parlement, & de rapporter à la fin de l'année les certificats de deux anciens Avocats, portant qu'ils ont suivi les Audiences avec assiduité; ce qui auroit aussi lieu pour la seconde année de leur Cours.

Quant aux Exercices académiques, ils seroient tenus entre les mois de Janvier & de Mars de cette même année de soutenir une These qu'on appelleroit la seconde du grand Ordinaire. Cette These seroit sur une matiere de Droit Civil, de celles par exemple qui concernent les Actions réelles, comme la Revendication, la demande d'Hérédité, le Testament inofficieux, les Servitudes réelles & perſonnelles, & leur premiere année finiroit au quinze Avril de cette année.

La ſeconde année de Licence commenceroit de même que la premiere, par un certain nombre de répétitions publiques; les deux premieres ſeroient ſur une matiere de notre Droit François applicable aux Principes du Droit Romain, ou ſur une matiere du Droit Romain dont on feroit voir l'uſage dans le Droit de notre France: ces deux répétitions ſeroient ſuivies de deux autres, qui ſeroient faites ſur un titre de la Pragmatique-ſanction ou du Concordat au choix de la Faculté. Celui qui répéteroit ſur cette matiere ſeroit obligé de faire dans ſes Leçons l'application du Droit ancien au Droit nouveau; il ſeroit auſſi dans le cas de joindre le Droit des nouvelles Ordonnances de nos Rois & de la Juriſprudence des Cours, à celui de la matiere qui lui auroit été diſtribuée.

Au mois de Juin de cette année, les Bacheliers en Licence ſeroient obligés de ſoutenir une nouvelle Theſe de Droit Canonique ſur quelqu'une des matieres de ce Droit qui concernent les choſes Eccléſiaſtiques, telles que celles des Bénéfices, de la Simonie de l'Uſure, des Mariages, des Réguliers & de leur état, &c. cette Theſe ſeroit préſidée par celui des Profeſſeurs qui ſeroit en tour, & tous les Bacheliers du Cours ſeroient tenus d'y argumenter. A la fin de cette Theſe, les ſix Profeſſeurs de la Faculté revêtus de leurs Robes rouges, & dans leurs places de Faculté, à commencer par le Préſident de l'Acte, ſuivre enſuite par le plus ancien, feroient chacun une queſtion au moins ſur un texte de la matiere, à un Bachelier autre que le Répondant. On nommeroit, en prenant le jour de la Theſe, les ſix Bacheliers qui ſeroient tenu de répondre ſur les textes du traité de la Theſe; ce choix ſe feroit par tour, à commencer par les ſix premiers pour la premiere Theſe, les ſix qui ſuivroient dans le tableau de la Licence pour la ſeconde Theſe, & ainſi de ſuite, en reprenant même par la ſuite les plus anciens & ſuivant toujours le même ordre. Le Bachelier en répondant à la queſtion ſeroit tenu de faire l'eſpece du texte, avec les raiſons de douter & de décider. Un pareil genre de Theſe obligeroit au moins ſept Bacheliers de ſe préparer ſur chacune des Theſes du Cours, les autres ſeroient auſſi forcés de l'étudier pour y argumenter; & ainſi toutes les Theſes du Cours ſeroient communes entre tous les Bacheliers. Cette Theſe ſeroit la troiſiéme du grand Ordinaire.

Au mois d'Août de la même année, au plus tard dans le mois de Novembre ou de Décembre, les Bacheliers ſeroient tenus de ſoutenir une pareille Theſe, ſur des matieres de Droit Civil qui ſeroient choiſies par la Faculté. On pourroit faire choix pour cette Theſe, des Traités des Gages & Hypotheques, des Succeſſions ſoit teſtamentaires, ſoit ab inteſtat, de ceux de la Poſſeſſion, des Obligations ſoit en général, ſoit en particulier; cette Theſe ſeroit ſoutenue de même que la précédente, ſix Bacheliers outre le Répondant, ſeroient tenu chacun de répondre ſur une Loi qui leur ſeroit donnée par un Profeſſeur; elle ſeroit la quatrieme du grand Ordinaire.

Il ne nous reste plus ici que trois mois du Cours de deux années. Nous les remplirons aisément.

Du premier au quinze de Janvier les Bacheliers du Cours qui auroient subi toutes les épreuves que nous avons annoncé, se représenteroient de nouveau à l'Assemblée de la Faculté, pour supplier définitivement pour la Licence, *prò Licentiâ obtinendâ.* La Faculté sur la preuve de tous leurs Actes, admettroit leur Supplique, & indiqueroit jour pour l'Examen public qui seroit la fin du Cours. Ce jour seroit au moins à six semaines de datte de celui de l'Assemblée qui auroit admis les Suppliques.

L'Examen qui termineroit la fin du Cours, seroit un Examen public, il se feroit avec la plus grande solemnité, dans la grande Salle des Actes, & seroit commun entre tous les Bacheliers du Cours.

La Faculté seroit assemblée & dans ses places ordinaires sur les hauts siéges; tous les Professeurs, même celui du Droit François, & les Docteurs Aggrégés, en Robe de cérémonie.

Le Doyen comme Président de l'Assemblée se placeroit dans la chaire, il feroit un petit discours sur l'Emulation qui a regné dans le Cours prêt à finir, & exhorteroit les Bacheliers à s'acquitter dignement de leur derniere épreuve, & en sa même qualité de Président, il interrogeroit le premier.

Ici le sort décideroit du rang des Bacheliers; l'ancien Professeur auroit entre les mains une bourse où les noms des Bacheliers seroient écrits sur des papiers séparés & pliés: lorsque le Bachelier auroit satisfait aux questions qui lui auroient été proposées, l'ancien en tireroit un autre; le nom seroit développé & lû publiquement par le Bedeau; chaque Candidat seroit interrogé par un Professeur & deux Docteurs Aggrégés, le tout à tour de rôle & suivant le rang d'antiquité de chacun d'eux.

Et comme il seroit difficile qu'un Examen de cette espece ne dura pas plusieurs jours, la Faculté détermineroit le nombre de séances qu'elle jugeroit convenables; les séances se tiendroient de relevée, depuis deux heures après midi jusqu'à six heures du soir.

Le sujet de cet Examen rouleroit pour chaque Bachelier sur tous les Traités qu'il auroit pris pendant le Cours entier de ses Etudes, depuis les Instituts inclusivement jusqu'au Droit François, & sur ceux qu'il auroit eu à traiter, soit dans ses répétitions, soit dans ses actes.

Après que chaque Bachelier auroit été suffisamment interrogé, les Professeurs, y compris le Professeur de Droit François, & les six Docteurs Aggrégés de l'Assemblée donneroient leur suffrage pour leur admission ou refus dans une boëte qui seroit placée dans la chaire entre les mains du Doyen, & qui seroit ouverte le jour même de la clôture de l'Examen dans la Salle d'Assemblée où la Faculté se rendroit à cet effet.

Le lendemain de la clôture de l'Examen, ou tout au moins dans les deux jours qui le suivroient, la Faculté tiendroit une Assemblée particuliere & regleroit à la pluralité des suffrages, l'ordre des places de la Licence. Ces places, ſelon les anciens Statuts, ſeroient toujours données au mérite, ſans diſtinction de naiſſance; le Rôle en ſeroit dreſſé ſecretement, ſur trois cahiers ſéparés, qui ſeroient enſuite enveloppés & cachetés dans l'Aſſemblée même du Sceau du Doyen, du Syndic, & de l'Ancien de la Faculté. L'Aſſemblée indiqueroit un jour à huitaine, ou tout au plus à quinzaine pour la publication de ce Rôle.

La publication du Rôle ſe feroit avec la plus grande ſolemnité, elle ſeroit indiquée par affiches publiques; on y inviteroit ſolemnellement la Cour de Parlement, M. le Recteur & le Tribunal de l'Univerſité, l'Ordre des Avocats, & même les autres Ordres & Tribunaux de Paris. Un Profeſſeur nommé par la Faculté commenceroit par faire un diſcours, qui ſeroit ſuivi d'un autre fait par un Bachelier que ſes Confreres auroient choiſi à cet effet. On remettroit un des trois Exemplaires à Monſieur le premier Avocat Général, un autre à Monſieur le Chancelier de l'Univerſité, le troiſieme reſteroit entre les mains du Doyen. On les ouvriroit enſemble & le Greffier

fier revêtu de son Epitoge, au milieu de l'Assemblée, liroit & publieroit le Rôle à haute voix.

Quelques jours après la publication du Rôle, la Faculté en corps, précédée de ses Massiers, conduiroit les Bacheliers Emerites dans la Salle de l'Archevêché pour recevoir la bénédiction de Licence des mains de Monsieur le Chancelier de l'Université. La marche se feroit avec la plus grande solemnité, tous les Bacheliers de la Faculté marchants deux à deux précéderoient les Bacheliers Emerites, ceux-ci viendroient ensuite & marcheroient deux à deux, suivant les places qui leur auroient été assignées; suivroient tous MM. les Docteurs Aggrégés en Robe noire & Chapperon rouge herminé, ensuite les Professeurs en Robe rouge.

Il est bon de remarquer ici, que quoique dans ce Plan le Cours de Licence soit de deux années, nous faisons cependant tous les ans commencer & finir une Licence. Par ce moyen nous remédions à l'inconvenient d'avoir des Licences trop nombreuses, ce qui peut diminuer l'attention des Maîtres sur le sujet de chaque Bachelier.

En ſecond lieu nous évitons un autre inconvenient qui ſe trouve dans les Facultés de Théologie & de Médecine ; le Cours ne s'ouvre que tous les deux ans dans ces deux Facultés, par là ceux qui feroient en état de ſe préſenter au Cours, & qui par hazard en auroient manqué l'ouverture, ſe trouvent dans la néceſſité d'attendre deux années, ce qui ralentit l'émulation & peut être nuiſible à l'ardeur d'un Etudiant qui deſire entrer dans la carriere.

Cependant nous évitons la confuſion. Il eſt vrai que deux Licences ſe trouveront concourir enſemble l'une pour la premiere & l'autre pour la ſeconde année ; mais elles ne ſont pas dans le cas de ſe confondre, les exercices de l'une ne ſont pas les exercices de l'autre ; elles ne ſont dans le cas de ſe réunir qu'aux Theſes de Bachelier & aux Actes communs de toute la Faculté ; & dans ce cas même nous donnerons toujours le pas à l'ancien Cours ſur le nouveau ; par exemple, on ſoutient une Theſe pour le Baccalaureat, après l'eſpece & l'argument du Préſident, trois Bacheliers du Cours le plus ancien, diſputeront l'un apiès l'autre, après les trois anciens, trois Bacheliers du nouveau Cours dispu-teront, & on les choisira dans l'ordre de chaque tableau.

De même aux harangues & autres actes communs les Bacheliers auront leurs places marquées, ceux de l'ancien Cours précéderont tous les autres, suivront ceux du nouveau Cours, ceux qui ne seront point encore entrés au Cours, auront les dernieres places. Aux Processions & Messes, les Bacheliers du nouveau Cours auront les premieres places, les dernieres comme plus honorables seront pour les Bacheliers de l'ancien Cours.

Nous n'admettrons point dans le Cours ceux qui ne prennent des degrés qu'en Droit Canonique, le petit ordinaire est suffisant pour eux, ils ne sont dans le cas ni d'entrer au Parlement, ni d'être Avocats, ni de suivre la Faculté de Paris en qualité de Docteurs. Mais il seroit injuste d'exclure de ces trois Etats, des hommes d'un âge mur & formé par l'expérience, qui peuvent même quelquefois avoir fait dans le particulier des Etudes qui conduisent à celles de Droit.

Nous parlons ici de ceux qui ſont leur Droit par bénéfice d'âge, conformément à l'Article dernier de la Déclaration du 6 Août 1682. & à la Déclaration du 17 Novembre 1690. Ces Loix donnent le privilége à ceux qui ſont entrés dans la vingt-cinquiéme année de leur âge, de prendre leurs dégrés ſur une étude de trois mois pour chaque dégré, c'eſt-à-dire admettent un homme à la Licence ſur une étude de ſix mois; il ne ſeroit peut-être pas convenable de les priver totalement de ce privilége & de les aſſujettir à cinq années de tems, ſoit d'études, ſoit d'exercices.

Ne pourroit-on pas, en conſervant une partie du droit qui leur eſt accordé par les Déclarations, les ſoumettre aux exercices de la Licence? Ils ſeroient reçus Bacheliers comme ci-devant ſur trois mois d'études & les Examens & actes que nous avons marqués ci-deſſus pour le Baccalaureat par bénéfice d'âge; dans les trois derniers mois ils ſubiroient deux des trois Examens que nous leur avons preſcrits pour la Licence, & ſeroient en conſéquence admis à entrer au Cours.

Si la fin de leurs Examens ſe trouvoit concourir avec le mois d'Avril, au ſeize de ce mois ils y entreroient avec les autres. On pourroit ici leur accorder un privilége, un eſpéce de Jubilé qui conſiſteroit, ſi leurs actes pour le Baccalaureat, & leurs Examens pour le Cours les conduiſoit juſqu'au ſeize de Juillet, ou juſqu'au vingt Novembre, à prendre le Cours à l'un de ces deux termes, pour en faiſant par eux les exercices déjà faits par les autres Bacheliers, reprendre avec eux la ſuite du Cours, & terminer avec eux. En ce cas le privilége des Bacheliers bénéficiés d'âge conſiſteroit à faire en deux ans & demi au plus, ou tout au moins en deux ans, ce que les autres feroient dans l'eſpace de cinq années.

Il ne nous reſte plus à parler que du Doctorat, & ce que nous avons à dire à ce ſujet eſt fort ſimple.

On ſent aſſez qu'il n'eſt plus beſoin d'une année d'interſtice de la Licence au Doctorat; ceux qui aſpireroient à ce dégré ſe trouveroient aſſez éprouvés par trois années d'étude & deux années de Cours; ainſi il faudroit retrancher cet interſtice inutile & qui n'avoit pas lieu dans la Faculté, lorſqu'on y ſuivoit encore les exercices d'une Licence réguliere. Tout Licencié pourroit prendre le bonnet après ſa Licence, dès qu'il le jugeroit à propos. Je penſe qu'il ſeroit bon de changer auſſi la forme de l'acte; le Bachelier dans notre plan auroit ſoutenu aſſez de Theſes durant ſon Cours de Licence : pour profiter ici de l'exemple de l'ancienne Faculté, on pourroit rétablir l'acte de Veſpéries & celui de la Fête dans une forme un peu différente. Deux jours avant la Fête ou la priſe de bonnet, on aſſigneroit au Récipiendaire une queſtion de Droit douteuſe ſur laquelle il répondroit ſur le champ, & le Préſident ſeul diſputeroit contre lui, ſur l'une & l'autre partie de la queſtion propoſée.

Le jour de l'acte de Docteur, un Docteur de la Faculté, qu'on appelleroit le Propoſant, traiteroit à ſon tour une autre queſtion, qui ſeroit réſumée par le Récipiendaire, & qu'il traiteroit auſſi : après ces deux Traités faits par l'un & l'autre, le Préſident feroit le Diſcours ordinaire & la cérémonie, &

le nouveau Docteur termineroit l'acte par un discours de remerciment.

Il n'est pas nécessaire de nous étendre ici beaucoup sur les avantages qui reviendroient à la Magistrature & au Barreau d'un Plan de cette espéce, la chose est évidente par elle-même.

Il suffira de faire remarquer qu'un Reglement de cette nature procureroit des sujets distingués à la Magistrature du Parlement, & fermeroit l'entrée des dignités de l'État à tous ceux qui chercheroient à en être pourvus sans science & sans capacité.

Des hommes instruits de la maniere que nous avons proposé maintiendroient certainement l'éclat de la Magistrature dans le plus grand lustre & rempliroient avec dignité les Charges de ce Sénat auguste, qu'on peut regarder en France, avec justice, comme le Conservateur des Loix & de la Police publique.

L'Ordre des Avocats n'en retireroit pas moins d'avantage. Est-il nécessaire de dire qu'il seroit à souhaiter que tous les Avocats fussent Jurisconsultes. Si l'on admettoit ce Réglement, le Barreau s'épureroit d'une infinité d'hommes peu dignes de leur état.

On ne verroit plus tous les ans un essain de Praticiens formés dans les études de Procureur, sans Science, sans lumiéres, sans connoissance des Loix, acheter des Lettres de Licence dans quelque Faculté voisine, prêter le serment d'Avocat, se faire inscrire sur le Tableau, & cependant ignorer s'il existe au monde un Corps de Droit, hésiter à l'ouverture de ce Livre; se méprendre à chaque moment sur les citations des Instituts & du Digeste, ne sçavoir comment chercher les Loix qui y sont contenues, & se trouver presque toujours dans l'impuissance de les lire & de les entendre.

Il est vrai que le Réglement fait depuis quelques années, & qui veut qu'avant d'être inscrit sur le Tableau, un Avocat ait suivi le Barreau pendant quatre années, a eu principalement en vue ces Praticiens Licenciés à prix d'argent, qui osent usurper les fonctions d'Avocat; mais ce Réglement ne remédie au mal que très-imparfaitement. Rien de si aisé que de traîner au Palais une robe pendant quelques années, & de travailler cependant comme Clerc dans une Étude de Procureur. Une Licence telle que celle que nous avons proposé, & la nécessité d'avoir fait cette Licence pour être inscrit sur le Tableau, remédieroit à cet inconvénient mieux que dix années de Palais, & n'envoyeroit au Palais que des Avocats Docteurs, ou tout au moins Doctes.

FIN.

TABLE

Des Titres de ce Mémoire.

Fin de la Table.

www.ingramcontent.com/pod-product-compliance
Ingram Content Group UK Ltd.
Pitfield, Milton Keynes, MK11 3LW, UK
UKHW012033240726
13965UKWH00002B/752